财务管理与会计制度研究

王 勇 王 鑫 高亚静 主编

汕頭大學出版社

图书在版编目（CIP）数据

财务管理与会计制度研究 / 王勇，王鑫，高亚静主编． -- 汕头 ： 汕头大学出版社，2023.1
ISBN 978-7-5658-4918-3

Ⅰ．①财… Ⅱ．①王… ②王… ③高… Ⅲ．①企业管理－财务管理－研究－中国②会计制度－研究－中国 Ⅳ．① F279.23 ② F233.2

中国国家版本馆 CIP 数据核字（2023）第 020317 号

财务管理与会计制度研究
CAIWU GUANLI YU KUAIJI ZHIDU YANJIU

主　　编：	王　勇　王　鑫　高亚静
责任编辑：	黄洁玲
责任技编：	黄东生
封面设计：	道长矣
出版发行：	汕头大学出版社
	广东省汕头市大学路 243 号汕头大学校园内　邮政编码：515063
电　　话：	0754-82904613
印　　刷：	廊坊市海涛印刷有限公司
开　　本：	710mm×1000 mm　1/16
印　　张：	13
字　　数：	200 千字
版　　次：	2023 年 1 月第 1 版
印　　次：	2023 年 2 月第 1 次印刷
定　　价：	58.00 元

ISBN 978-7-5658-4918-3

版权所有，翻版必究
如发现印装质量问题，请与承印厂联系退换

编委会

主　编：王　勇（中石油昆仑燃气有限公司平舆分公司）

　　　　王　鑫（聊城市茌平区疾病预防控制中心）

　　　　高亚静（廊坊市农业农村局）

副主编：徐　昊（山东颐养健康集团金生水业（集团）有限公司）

　　　　智海燕（河南省洛阳正骨医院）

前　言

随着我国信息技术的应用与发展，国内企业的信息化技术应用已经逐渐演变成了一种全新的商业化运作模式，企业单位在运营过程中已经逐渐将触角延伸到了财务管理活动的各个领域，例如财务会计的存储方法已经逐渐朝着无纸化的方向发展，如何在网络环境下实现企业财务会计管理模式的最优化发展，已经逐渐成为我国当代企业需要重点关注的内容。

财务会计网络化的发展与普及，往往会导致企业单位在运营过程中面临诸多新的风险与挑战，部分企业在网络环境下的财务会计管理工作中频频出现问题。受资源与成本等诸多因素的干扰与限制，国内部分企业在传统运营模式中通常都会表现出以职能能力为核心的组织架构。这些单一性的组织架构往往会极大地限制企业网络协同与网络互补模式的应用，导致企业的网络协同效应与网络互补效应在实践环节不能发挥出实际作用，导致企业稀缺资源的利用率大大降低，严重削弱了企业财务会计管理工作的有效性，且对企业的运营与发展造成诸多不利影响。

全书主要内容包括财务会计的基本理论、财务会计货币资金管理分析、财务会计固定资产管理分析、财务会计无形资产管理分析、财务会计负债及所有者权益分析、财务会计人员管理制度分析等，可供财务人员阅读参考。

目录

第一章　财务会计的基本理论 1
第一节　经济环境与财务会计演变 1
第二节　财务会计的概念框架 8
第三节　会计规范 21

第二章　财务会计货币资金管理分析 28
第一节　货币资金概述 28
第二节　现　金 29
第三节　银行存款 35
第四节　其他货币资金 49

第三章　财务会计固定资产管理分析 52
第一节　固定资产概述 52
第二节　固定资产的取得 59
第三节　固定资产的自建与自制 62
第四节　固定资产的折旧 66
第五节　固定资产使用中的支出 73
第六节　固定资产减值 75

第四章　财务会计无形资产管理分析 78
第一节　无形资产概述 78

第二节　无形资产的核算 …………………………………………… 82

　　第三节　可辨认无形资产 …………………………………………… 89

　　第四节　商　誉 ……………………………………………………… 94

第五章　财务会计负债及所有者权益管理分析 …………………………… 99

　　第一节　流动负债 …………………………………………………… 99

　　第二节　流动负债核算 ……………………………………………… 102

　　第三节　长期负债 …………………………………………………… 117

　　第四节　所有者权益 ………………………………………………… 131

第六章　财务会计人员管理制度分析 ……………………………………… 147

　　第一节　会计制度的对象、要素与目标 …………………………… 147

　　第二节　会计制度的理论基础 ……………………………………… 167

　　第三节　财务人员基础管理制度 …………………………………… 181

　　第四节　财务人员日常行为规范 …………………………………… 188

参考文献 …………………………………………………………………… 195

第一章 财务会计的基本理论

第一节 经济环境与财务会计演变

资本是趋利的，在信息不对称的资本市场上，投资者之所以愿意将其拥有的财务资本让渡给管理当局管理，企业之所以能够筹集到经营发展所需的资金，财务会计及其报告的地位和作用不可忽视。在经历了与资本市场之间的相互制约和互动发展后，从传统会计分离出来的财务会计在确认、计量、记录、报告方面进行了一次次的革新，形成了相对独立的财务会计理论体系，这一理论体系随着经济的发展与资本市场的变迁还在不断地丰富和发展。

一、信息不对称与财务会计

在所有权和经营权分离的情况下，公司的管理当局与外部的投资者之间所拥有的公司信息并不对称，这一信息不对称会产生逆向选择和道德风险的后果。其中前者是指因为公司的内部人（诸如管理层等）比外部股东或债权人拥有更多关于公司当前状况和未来前景的信息，内部人可能会以牺牲外部人的利益为代价来牟取私利；后者则表现为外部的股东或债权人不能观察到管理层的努力程度和工作效率，管理层因此而偷懒，或者将经营失败的原因推卸给外部不可控因素。

如果"知情"的管理当局作为内部人，能够遵循"自我道德约束"来编制财务报表以提供给外部信息使用者作为决策依据，那么资本市场的信息不对称问题将由于"自愿披露"行为以及投资者的信任而缓解。然而问题在于，道德规范并不总是有效的，通过会计数字操纵进行造假或欺诈的案例屡屡出现。究其原因在于会计信息是一种复杂的重要的"商品"，不同的人对其会有不同的反应，由此会影响个人决策，进而影响市场的运作。作为会计信息的主要载体，公开披露的财务报表是由公司的管理层来编报，而依靠会计信息进行相关投资决策的外部投资者则处于信息劣势。为了保证会计信息的真实与公允，必须有一个制度安排，这就是由"公认会计原则"（GAAP）或会计准则直接规范财务报表的内容及形式，再由独立审计加以验证。这一制度背后的机理是：如果 GAAP 是高质量的，又有独立审计验证由其产生的会计信息质量，财务报表提供的信息质量应该得到合理的保证。

二、资本市场环境下财务会计理论的发展

资本市场是一国市场体系的核心，它在促进社会资源有效配置以及资产有效分布的同时，也是信息的集聚地。投资者、债权人以及上市公司等利益集团或个人都需要了解上市公司的财务状况、经营成果以及现金流量状况等信息，并根据这些信息进行投资或决策。在资本市场比较发达的情况下，决策有用观对于会计职业界以及会计准则制定机构都具有深远的影响。资本市场最发达的美国提出，财务报告的首要目标就是"提供对投资和信贷决策有用的信息"。公允价值就是与其密切相关的一个重要且颇有争议的概念。

（一）公允价值

尽管本质上适应工业经济的历史成本会计仍然占据主要地位，人们发现它已经越来越不适应经济的发展，一些对企业价值产生重要影响的事项和情况，如金融衍生工具、自创商誉、生物资产、人力资源已经无法为传统会计体系所反映。投资者和信贷者在让渡以现金为主的资源使用权后，都希望在未来获得公平的现金回报，而根据过去的历史成本无法预测未来以及为正确决策带来直接的帮助，因此人们在竭力寻求一个能够弥补这一缺陷的新的会计模式。

自 1990 年开始，美国证券交易委员会（简称 SEC）前任主席威廉·道格拉斯（William D.Douglas）就公开倡议所有金融机构都按市场价格报告所有的金融投资，认为公允价值是金融工具最相关的计量属性。西方国家的准则制定机构都纷纷响应，努力扩展公允价值计量属性在财务报告中的应用，以摆脱现行历史成本会计模式正在失去相关性的批评。

所谓公允价值是指一项资产或负债在双方之间，在现行交易中，自愿

并非强迫或清算所达成的购买、销售或结算的金额。可见公允价值是对未来交易的估计，是估计未实际发生但将进行现行交易的价格，不同于历史成本是以过去的交易或事项为基础的交换价格。公允价值与历史成本的主要区别在于：首先，公允价值不是建立在已发生的交易的基础上，而是建立在意图交换的双方虚拟交易（非现时交易）的基础上；其次，公允价值不是现时交易达成的交换价格，而是在未实现交易基础上的市场价格。

必须强调的是，公允价值是在没有真实交易的条件下，对意图进行的现行交易的价格进行的估价。也就是说，公允价值是双方已愿意进行现实交易，但是尚未存在实际交易的情况下，对交易中资产或负债的估计价格。

作为一种计量属性，公允价值计量的目标是在缺少实际交易的情况下为资产和负债估计现实交易价格。这种估计是参照假定的交易来确定的。通常可以采用的估价技术有市场法（market approach）、收益法（income approach）及成本法（cost approach）。无论采用哪一种估价技术都必须注意3个原则：第一，所采用的估价技术应该保持一贯性；第二，估价是为了寻求可靠的公允价值，因此，只有能产生更可靠的公允价值时，才应变更估价技术；第三，估计公允价值必须以市场信息为假定和数据源头。

与公允价值密切相关的概念之一是现值。美国财务会计准则委员会（简称FASB）曾经在其第5号概念框架里将"未来现金流量的现值"作为会计的一项计量属性。随后FASB经过数十年的研究，在第7号概念框架中，上述观点被明确否定，提出"未来现金流量的现值"技术是估计公允价值的手段。现值并不一定代表公允价值，因为用一个随意设定的利率对一组现金流量进行折现都可以得到一个现值，但是这样做并不能为使用者提供有用的信息。因此，在运用现值技术估计公允价值时，关键是要符合或大致接近交易双方自愿达成的金额。

(二) 业绩报告的改进——综合收益表

在历史成本计量模式下，在初始计量后，只需要考虑摊销或分配，并不需要在后续期间考虑持有资产价格的变化，即不会形成未实现的利得和损失。但是如果采取公允价值在内的现行价值计量，就必然会产生未实现的利得和损失。在现行会计实务中，对资产持有期间的价值变化的处理并不统一，有的计入当期损益，有的计入所有者权益，还有的允许同一项目在上述两种方法中进行选择，这种处理方式直接影响了收益表的信息含量。传统收益表的不完整使得使用者无法了解报告主体在一个会计期间全部的财务业绩，进而也就无法对未来的结果和现金流动做出评估。[①] 由此以综合收益表完整地对会计主体的业绩进行报告成为今后会计的发展方向，日益得到理论与实务界的重视。

综合收益概念的内涵在于，确认收益要遵循"资产负债观"而不是"收入费用观"。不过目前的综合收益表包括的内容除了传统损益表的内容外，还包括限定项目所形成的其他收益，也就是说仍然建立在"收入费用观"的基础上，但是逐渐在向"总括收益观"靠拢。

所谓"资产负债观"是指利润在剔除所有者与企业的经济往来后，企业在某一期间内净资产的变动额。可见"资产负债观"强调的是企业资本的保全，认为资本保全后才能计算利润。而"收入费用观"则认为利润是收入和费用配比的结果，如果收入大于费用则为盈利，反之则为亏损。对于"收入费用观"有两个基本观点，一是"当期经营观"，另一个就是"总括收益观"。前者认为企业的经营业绩应体现来自经营活动的结果，而不应该包括非经常性损益。而后者则认为企业在存续期间，各个会计年度报告的利润之和必然等于该企业的利润之和，如果非正常损益不包括在当期利润中，就可能导致后期利润被高估。因此，总括收益应根据企业在某一特定期间所有交易事项所确认的有关企业业主权益的全部变动（不包括企业和业主之间的交易）加以确认。

纵观财务业绩报告的改革趋势，在保留传统利润表的基本结构下，将综合收益表纳入业绩报告体系的思路已经为大多数国家的准则制定者所考虑或接受。FASB 提出了两种建议格式：第一种是在传统利润表的基础上，单独设计一张综合收益表，与传统利润表一起共同反映全面的财务业绩，综合收益表以传统利润表的最后一行作为该表的第一行，以"综合收益总额"作为最后一行。第二种是单一报表格式，即将传统利润表与综合收益表合二为一，称为收益与综合收益表，在该报表中，传统利润表的最后一行——

---

① 褚晓晖. 中小型企业财务管理的问题与建议 [J]. 中国市场，2022，No.1129 (30)：140-142.

"净收益"作为综合收益总额的小计部分。尽管这一格式将综合收益纳入同一张表内，便于使用者分析，而且无须增加新表，但是由于将净收益作为收益总额的小计部分，可能会降低利润表的重要性，因而遭到许多人的反对。

（三）会计准则制定方式的转变："规则基础"转向"原则基础"

举世瞩目的美国《2002萨班斯－奥克斯法案》（Sarbanes-Oxley Act of 2002）可以说在某种程度上是由安然、世通等财务欺诈案件所引发出台的。该法案不仅要求组建上市公司会计监察委员会（PCAOB），加强对独立审计师的监管，值得一提的是在会计方面采取的重大措施之一，即提出了新的会计准则的制定方式，改变了原来以规则为基础的制定方式，转向了以目标为导向、以原则为基础的制定方式。

有观点认为，美国的会计准则是以规则为基础的，而安然事件中的一个关键词，即"特殊目的主体"，就是基于美国会计准则的规则基础背景下产生的。但也并不是说按照原则基础的会计准则制定方式，引入"实质重于形式"的原则就可以避免，但至少能约束安然的欺诈行为。如果引入"经济人"假设和会计准则具有经济后果的假设，对此问题的回答就不是用"能"或者"不能"可以解决的了，问题将会复杂化。

在"经济人"假设下，人是自利的，是期望在现有的规则范围内能够最大限度地实现自我利益的，而如果会计准则具有经济后果，他们就会利用所有能够采取的手段，在现有的"政策"内寻找一切可能的空间，按照准则来设计其业务，进而创造性地产生"没有违反准则"的会计行为，而这并不是会计准则意图达到的目的。可以说，以规则为基础的会计准则会引导会计信息的提供者更多地去寻求对法律形式的遵守，而不是反映交易和事项的经济实质。但是仅以原则为基础，会计准则的编制者以及审计师在具体操作时，将十分困难，因为即便是职业判断，也需要必要的指南。换句话说，现有的以"规则为基础"的会计准则会成为部分人规避会计准则真实意图的借口及手段，然而单纯地强调抽象的原则，也会导致会计准则应用和操作方面的不可行。因此，以目标为导向、以原则为基础来制定会计准则成了一种理性的选择。

这一准则制定方式的特征表现为：按已经改进并一贯应用的概念为基

础；以明确提出的会计目标引导会计信息提供者及审计师更为关注事项或交易的经济实质；提供的是充分且并不模糊的有关目标的细节及结构——尽可能减少准则中的"例外"；尽量避免使用"界限（线）"进行界定或测试。

三、我国财务会计的发展与改革现状

（一）我国财务会计的发展历程

自1992年起，我国开始实行社会主义市场经济体制，企业真正成为市场中的经营主体，所有权性质呈现多元化，经济活动复杂化。同年10月成立的中国证券监督管理委员会标志着我国证券市场的正式建立，随之而来的便是公司上市、并购和重组、企业跨国融资等市场经济经营活动。与此同时，我国逐步建立起与市场经济体制相适应的会计模式，并开始了以会计国际化为方向的会计改革路程。

面对日益复杂化的经济业务形态，财政部和国家体改委于1992年联合颁布《股份制试点企业会计制度》以及《企业会计准则——基本准则》，二者都对国际会计准则体系进行了借鉴。基本会计准则颁布实施后，我国于1997年又颁布执行了第一个具体会计准则——《关联方关系及其交易的披露》。在具体准则陆续制定与实施期间，我国于1998年开始实施《股份有限公司会计制度》，后又于2001年颁布实施了《企业会计制度》。

由于国际上通行的会计规范形式是会计准则，我国在保持会计制度的同时，又不断完善我国的会计准则体系。从整体上看，该准则体系充分实现了与国际惯例的协调，起点高，内容全面，充分体现了我国会计改革的国际化。该准则有关会计确认、计量和报告的标准更加准确，尤其在会计计量、企业合并、衍生金融工具等方面实现了质的突破。

（二）我国现行会计准则体系的主要变革

1. 会计准则体系日趋完善

我国的会计改革国际化的突出成果是形成了日趋完善的会计准则体系，目前这一体系由1项基本会计准则、38项具体会计准则、32项应用指南及1个附录构成，废止了应用多年的会计制度。基本会计准则属于准则的一部

分，具有法律效力，其目的在于规范具体准则的制定，这一点不同于财务会计概念框架。财务会计概念框架的目的在于提供一种理论支撑，不属于准则的组成部分。

2. 明确的理念指导会计准则的建立

现行准则体系的一个重要特色是以"资产负债表观"为总的指导理念，淡化了一直在我国理论与实务界占据重要位置的"利润表观"，强调了考核企业的着眼点是其可持续发展，要从净资产角度来判断交易的发生、企业的增值等，而不是当期的收益。

3. 会计确认、计量和报告具有强制性

现行会计准则体系的核心是确认、计量和报告，因此具有强制性，而有关会计记录的规定没有出现在具体会计准则或基本会计准则中，仅仅以附录的形式规定了会计科目和账务的处理，在会计科目的设置方面也打破了原先的行业界限。体现了企业的会计记录只要以准则为导向，不违背确认、计量和报告的有关规定，就可以结合实际情况做出灵活处理。

4. 突出强调了财务报告的地位与作用

国际会计准则改称为国际财务报告准则，从某种程度上也显示了财务报告日趋重要的地位，在我国现行的准则体系中也体现了这一点。现行的财务报告体系主要由报表和附注构成，对附注的有关规定体现了其规范化、结构化和国际化的特征。由此，投资者等信息使用者在利用会计信息进行相关决策时，不仅要依据报表，还要借助于附注。财务报告在我国会计准则中的地位得到了加强。

5. 广泛而谨慎地引入公允价值计量属性

尽管历史成本具有较大的可靠性，但是对其投资决策的相关性较弱，而公允价值对于经济业务（尤其是一些衍生金融工具业务）的决策则具有较大的相关性。当然由于公允价值经常依据估计与判断，存在较大的风险和不确定性，因此我国根据实际情况在现行会计准则体系中广泛而谨慎地引入了公允价值计量属性，也就是历史成本尽管仍然是主要的计量属性，但如果存在活跃市场、公允价值有确凿证据的情况下，就可以采用公允价值。

第二节 财务会计的概念框架

财务会计概念框架是规范会计理论中最实用的部分，其研究起源于20世纪30年代的美国，早期主要涉及以财务会计基本概念、原则为主要内容的理论体系，直至1976年，国际会计准则理事会（简称IASB）在一份题为"概念框架项目的范围和含义"的征求意见稿（ED）里正式出现了"财务会计概念框架"的说法。目前一些国家和主要国际组织，如IASB以及英国、加拿大、澳大利亚等国均效仿美国出台了各自的概念框架文件，取得了积极的成果，相关的研究也已经成为财务会计理论的核心内容。虽然各国对"财务会计概念框架"的公告的名称不一致，但其实质都基本相同，即都是对财务会计和会计准则制定过程中涉及的一些基本概念进行研究，以更好地指导会计准则的制定或会计实务，为其提供一个比较一致的概念基础，并作为评估既有会计准则质量的一个重要标准，指导发展新会计准则。

关于财务会计框架的逻辑起点的研究曾经有两种选择。在20世纪50年代，美国会计界试图建立"假设——原则——准则"的准则逻辑体系，但是以失败告终。而后在20世纪60年代，美国主流的会计理论研究提出"会计是一个信息系统"，并以此为基础提出将会计目标作为财务会计概念框架的逻辑起点，以目标、信息质量、要素、要素的确认和计量为核心，这条路一直发展至今。

一、财务会计目标

当"会计本质上是一个信息系统"的观点为人们所接受后，会计目标就成为财务会计概念框架的逻辑起点。由于在不同的社会经济环境里，信息使用者有差别，而财务会计的目标又密切依存于使用者的信息需要，因此并不存在一个完全一致的目标。综合各国的财务会计目标，主要涉及这样几个问题：谁是会计信息的使用者；会计信息使用者需要什么样的信息；哪些信息可以由财务会计来提供；为了提供这些会计信息需要什么样的框架。

(一) 受托责任观和决策有用观

在回答上述问题的过程中曾经出现过两个代表性的观点：受托责任观和决策有用观。了解这两种观点从对立到相互融合的过程，可以进一步了解会计目标的发展和演变。

1. 受托责任观

从历史来看，受托责任观的出现早于决策有用观。其最早产生于两权分离，委托代理关系明确稳定的经济背景下。受托责任观认为在所有权与经营权分离的背景下，为企业资源的提供者创造尽可能多的财富是企业管理者的受托责任，会计目标应主要定位在提供经管责任完成情况的信息上，对会计信息质量的首要要求是可靠性。进而可靠性又会对概念框架中的会计确认、计量以及会计要素的界定等方面产生相应的要求。例如对于会计确认，可靠性要求采用交易观，即只确认已经发生交易的经济业务，而对于具有一定不确定性的尚未交易的业务不予确认。至于会计计量，可靠性要求以历史成本为主，而现行价值或未来价值因其具有不确定性而被限制性使用。

2. 决策有用观

随着资本市场的产生和发展，所有者和经营者之间的关系变得模糊且不确定，这一情况下对会计的要求更多的是要反映企业未来的发展趋势，仅仅提供经营者经营业绩的信息以反映其受托责任已经不能满足对会计信息的要求。由此，决策有用观的会计目标登上了历史舞台。

决策是面向未来的，决策有用观认为会计目标应定位在向会计信息使用者（包括现有和潜在投资者、信贷者、企业管理者和政府）提供有关未来现金流量的金额、分布和具有不确定性的信息，以帮助他们在预测未来时能产生有差别的决策。如果会计信息能够帮助投资者评价资产未来现金流的流量和风险，那么会计信息将有助于提升资源配置的效率。目前这一观点已经成为研究财务会计目标的主流。决策有用观对会计信息质量的要求除了可靠性外，更强调相关性。不同于受托责任观下的会计确认和计量手段，该模式要求会计确认采用事项观，即会计要对包括尚未发生交易的资产价值变动在内的全部经济业务加以确认，而会计计量则强调采用相关资产的公允价值。

受托责任观和决策有用观并不是相互对立的两种观点，而是后者是前者的继承与发展。可以看出满足决策有用会计目标的信息需求也能满足受托责任会计目标，早期受托责任观对企业利润的关注也已经被决策有用观对企业未来现金流量能力的关注替代。

(二) 我国会计目标的定位

决定会计目标定位的因素主要是经济环境因素，由于在我国实行的是国家宏观调控的国民经济管理体制，证券市场还不发达，大众投资者比例较低，这样的环境决定了完全采用决策有用观也许尚不可行，而是应该兼顾受托责任观和决策有用观。

我国目前的财务会计目标是："向财务会计报告使用者提供与企业财务状况、经营成果和现金流量等有关的会计信息，反映企业管理层受托责任履行情况，有助于财务会计报告使用者（包括投资者、债权人、政府及其有关部门和社会公众等）做出经济决策。"

具体来说，可以分为以下几方面：

1. 宏观经济调控

国家的财务信息需求。我国目前实行的是市场调节和国家宏观管理相结合的经济管理体制，由于市场经济机制尚未成熟，国家的宏观经济管理在整个国民经济管理中仍发挥主导作用。因此不论是上市还是非上市企业都需要按照国家规定向有关政府监管部门提供其所需要的会计信息，以保证国有资产的保值、增值，保证国家相关税费的稳定增长，维护社会主义市场经济秩序。

2. 完成受托责任

公司管理层的财务信息需求。在两权分离的现代经营模式下，财务会计信息成为联系委托人与受托人之间代理关系的纽带，大量有关委托代理的企业契约是依托财务会计信息签订的。比如盈利信息往往成为衡量代理人努力程度的替代指标，委托人据其制订和执行奖惩计划；而从代理人的角度考虑，财务信息则成为其传递受托责任完成的信号。

3. 促进资本市场资源配置

投资者和信贷者的财务信息需求。资源是稀缺的，如何有效配置稀缺的资源是资本市场的一个中心问题。财务会计通过提供可信、可靠、不偏不倚、能够如实反映交易的经济影响的财务信息，有助于资本市场参与者识别对资源相对有效和无效的使用者，有助于评估不同投资机会和报酬，有助于促进资本和其他市场的有效运行。

二、财务会计基本假设

（一）会计主体假设

会计主体又称经济主体。每个企业都是一个与其业主或其他企业相互独立的会计主体，会计计量和报告只是特定主体经营和财务活动的结果，而不是企业业主的活动。[①]会计主体假设从空间上限定了会计工作的具体范围。会计主体的概念适用范围较广，如合伙、独资、公司（包括股份与非股份公司）、小型和大型企业，甚至还适用于企业内部的各个环节（如各个部门）或几个企业（如编制合并报表的母子公司）。这里必须要明确会计主体、法律主体和报告主体的区别。会计主体并不以法律主体成立与否为依据，凡是会计为之服务的特定单位都可以视为会计主体。法律主体则不同，例如有些国家只承认股份公司可以以法律主体的身份行使民事权利、承担民事责任，而否认独资、合伙企业的法律主体地位。会计主体和报告主体也有所区别。原则上会计主体既指平时进行会计处理的会计主体，也指期末编制财务报告的报告主体，但是也存在一些例外，如合并会计报表的报告主体是公司集团，而公司集团并不是会计主体；再如公司的若干分部（地区分部或业务分部）若需要单独核算和报告时也可以作为一个独立的报告主体甚至可以集会计主体于一身，当然所反映的内容将远小于企业的内容。

（二）持续经营假设

持续经营假设又称连续性假设，即除非管理层打算清算该企业，或打算终止经营，或别无选择只能这样做时，会计主体的目标不会改变，并且会按照现状持续不断地经营下去。在此假设下，财务会计的基本流程如确认、计量、记录和报告保持了一贯性，使财务会计得以在高度不确定性的环境中完成其流程循环。但是，当管理层意识到存在有关事项或条件的高度不确定

[①] 李博文. 企业财务管理优化路径探析 [J]. 现代商贸工业，2022，43(21)：145-146.

性因素可能引致人们对企业仍能持续经营产生重大怀疑时，则应披露这些不确定性因素。此外如果有足够的相反证据证明企业无法持续经营，则破产清算假设将替代持续经营假设，这时财务会计在数据的处理、会计信息的加工以及提供财务报表的程序与模式等方面将会发生重大变化，例如以非清算为基础的折旧会计将不再适用。

（三）会计期间假设

在会计主体持续经营假设的基础上，出于提供及时的财务信息的考虑，凡是能反映企业财务状况和经营成果的财务报告，应定期予以提供。按照传统的商业习惯和所得税法的规定，所谓定期往往指一年一次。实务中企业的会计年度既有按照公历年度，也有按照自己的"自然"经营年度。近年来，上市公司还被要求提供中期报告，即以半年度、季度或月份作为分期基础，进而形成中期财务报告。

持续经营与会计分期假设是相辅相成、互相补充的。从一定意义上讲，前者更为重要，因为有了持续的经营活动，才有必要和有可能进行会计分期。当然，在新经济时代下，互联网的运用将使新兴企业的财务报告采取实时传递的方式成为可能，如何使现有的财务会计的构造和作用适应这一发展态势还需进行深入的研究。

（四）货币计量假设

货币计量假设又称货币单位假设，认为会计是一个运用货币对企业活动进行计量并将计量结果加以传递的过程。会计信息以数量为主，这一假设给数量信息配备了统一的单位，进而使会计信息具有同一性和可比性。但是由于作为计量单位的货币本身也存在"量度"上的局限性，即货币的购买力存在变化的可能，因此，货币计量假设的背后还隐含着币值不变的假设，这样才能使各个会计期间的财务会计信息具有一定的可比性。

三、财务会计信息质量特征

财务会计信息质量特征是连接会计目标和财务报告的桥梁，在整个概念框架中居于枢纽地位，这在各国的财务会计概念框架或类似的文件中都有所提及。FASB认为，对会计信息质量特征的界定具有以下作用：为制订与财务报告目标相一致的会计准则提供指南；为会计信息提供者在选择表述经济事项的不同方法时提供指南；增加会计信息使用者对会计信息有用性和局限性的把握，以便做出更好的决策。

（一）用户需求观和投资者保护观

目前关于如何评价财务会计信息质量的观点有两大类，即用户需求观和投资者保护观。用户需求观认为财务报告的质量是由财务信息对使用者的有用性决定的。美国财务会计准则委员会（FASB）的概念框架就是这一观点的主要代表。FASB以决策有用性为目标，提出了一系列以相关性和可靠性为核心的财务会计信息质量特征体系。与用户需求观不同，投资者保护观则认为财务报告质量主要取决于财务报告是否向投资者进行了充分而公允的披露，因此诚信、透明、公允、可比和充分披露等特征成为该观点支持的会计信息质量特征。投资者保护观的支持者主要是美国证券交易委员会、审计准则委员会等组织或机构。

（二）会计信息质量的特征要素

表面上看各国及国际会计准则理事会（IASB）对财务会计信息质量特征的界定似乎大同小异，但是如果仔细比较和分析，就会发现各自不同的信息质量特征体系在名称、基本背景、层次结构以及具体的属性定义方面都存在差异。例如，相关性在大部分国家的概念框架中是主要的信息质量特征之一，但是其内涵并不完全相同。美国、加拿大强调预测价值、反馈价值/验证价值和及时性，而英国则主要强调预测价值和验证价值，至于IASC和澳大利亚则除了强调预测价值和验证价值外，还强调对财务信息的性质及其重要性的关注。

由于美国处于研究概念框架方面的领先地位，其研究成果已成为各国（包括IASB）在相关方面的研究方向。下面以FASB对会计信息质量各特征要素的界定作为参考，对几种主要的会计信息质量特征的内涵进行说明，最后介绍我国和IASB对财务会计信息质量特征的研究发展现状。

1. 相关性

相关性是指会计系统提供的会计信息应该与使用者的决策相关。基于"决策有用性"的会计目标，对决策最为有用的信息是"能够帮助信息使用者在预测未来时能导致决策差别"的信息，因此相关性成为保证会计信息质量的重要特征。会计信息的相关性还必须具有预测价值、反馈价值和及时性3个基本质量特征。预测价值是指会计信息要能够帮助投资者预测企业以后的财务状况、经营成果和现金流动情况。反馈价值是指投资者获得会计信息后，能够据以修正以前的某些认识。会计信息的及时性是要求必须及时收集会计信息、及时对会计信息进行加工和处理，并且及时传递会计信息。

2. 可靠性

可靠性是指会计信息应如实表述所要反映的对象，尤其需要做到不偏不倚地表述经济活动的过程和结果。可靠性具体可分为3个方面，即可核性、真实性和中立性。可核性是指不同的人依据相同的信息输入遵循相同的会计准则，可以从会计信息系统中输出相同或相似的结果。真实性是指会计信息应该反映实际发生的经济活动，通常所指的会计信息失真就是指会计信息不能够真实反映企业的经济活动。中立性要求会计人员在处理会计信息时应保持一种不偏不倚的中立态度，避免倾向于某一预定的结果或者某一特定利益集团的需要。

3. 可比性

广义的可比性是指财务会计信息在同一会计主体不同时期之间和不同会计主体同一时期之间可以予以比较，从而使用户能够比较某两个时点或某两个时期的交易或事项，以及财务业绩的相似之处及其差异的质量属性。其中同一会计主体不同时期之间的会计信息的可比性又称为一致性，按照一致性的要求，会计方法的选择在前后期应保持一致；而不同会计主体之间的可比性又被称为狭义上的可比性，要求不同会计主体之间的会计政策具有相同的基础，会计信息所反映的内容基本一致。

4. 可理解性

可理解性是指能够为信息使用者所理解，这是针对会计信息用户的质量特征。具体而言是要求财务信息应当为那些对商业活动和经济活动拥有合理理解能力，并且愿意花精力去研究这些信息的人士所理解。可理解性可划分为两类：与特定的决策者相关，或者与广大的各类决策者相关。

5. 透明度

由于20世纪90年代美国上市公司存在严重的盈余管理现象，美国证券交易委员会（SEC）非常关注这一现象，希望从多个角度提高上市公司信息质量。1996年4月11日，SEC在其声明中提出3项评价"核心准则"的要素，其中第2项是"高质量"。对"高质量"的具体解释是可比性、透明度和充分披露。其后在1997年，SEC前主席莱维特（Levitt）在关于"高质量会计准则的重要性"的演讲中明确提出将透明度纳入准则高质量的特征体系。

由于透明度适用的领域很广，因此迄今为止，对透明度的定义并没有统一。从会计的角度来讲，可以将其理解为是对会计信息质量标准和一般意义上的会计信息披露要求的发展。可以这样认为：会计透明度是一个关于会计信息质量的全面要求，包括会计准则的制定和执行、会计信息质量标准、信息披露与监管等。可见会计信息质量的透明度要求仅仅是其中的一部分。

（三）我国财务会计信息质量特征体系

目前世界各国都高度重视会计信息质量特征体系的建立，我国也开始顺应这一大趋势，在《企业会计准则——基本准则（修订）》中第一次明确出现了"会计信息质量要求"的形式，包括了对会计信息质量在真实性（含可靠性）、相关性、明晰性、可比性（含一致性）、实质重于形式、重要性、谨慎性和及时性方面的要求。不过由于我国并没有财务会计概念框架，所以这些质量特征还没有一个完整的理论支持，今后还需要对质量特征体系所涉及的约束条件、总体质量特征、限制性标准、关键质量特征、次级（及次要）质量特征等内容做深入的研究。

（四）IASB财务会计概念框架中的会计信息质量特征

与美国不同，IASB关于会计信息质量特征的内容是以"财务报表的质量特征"的形式进行阐述。其中可理解性、相关性、可靠性和可比性为处于同一层次的主要质量特征。相关性的构成要素分别为预测价值、验证价值、财务信息的性质及重要性。可靠性由忠实反映、实质重于形式、中立性、审慎性和完整性构成。由于IASB的概念框架不同于一国研究出台的概念框架，它主要是为了解决"众口难调"的突出性问题，所以可比性是 IASB 极为关注的一个质量特征，不仅指交易事项的计量及列报的方法要一致，还要求将编报财务报表所采用的会计政策的变动及变动的影响告诉使用者。此外，IASB 的"财务报表的质量特征"还对相关性和可靠性的制约因素进行了分解，具体包括及时性、效益和成本之间的平衡以及重要性。

四、财务会计要素

财务会计作为一个信息生产系统，必然存在相应的会计对象，但是由于会计对象是一个抽象的概念，因此从会计对象到具体的会计信息必须经过一个从抽象到具体的处理步骤。这一具体化的步骤首先要将财务会计对象进行初次分类以形成会计要素，会计要素即是会计核算对象的具体化形式，通俗意义上的要素就是财务报表的基本组成部分。各国对会计要素的划分与定义不尽相同，美国的财务会计准则委员会定义了 10 个会计要素，分别是资产（assets）、负债（liabilities）、权益（equity）、业主投资（investments by owners）、派给业主款（distributions to owners）、收入（revenues）、费用（expenses）、利得（gains）>损失（losses）和全面收益（comprehensive income）。国际会计准则理事会定义了 5 个基本会计要素，即资产、负债、权益、收益和费用，其中收益包括收入和利得、费用包括损失。我国则借鉴了国际惯例，在财政部 2006 年修订后颁布的《企业会计准则——基本准则》中明确定义了 6 个会计要素，分别是资产、负债、所有者权益、收入、费用和利润。我国较之国际惯例的规定多了一个利润的要素，尽管利润是收益和费用的综合结果，并不是一个独立的要素，但由于它在我国长期以来一直作为考核的重要指标，在企业管理中具有重要作用，因此我国仍将其设计成一个单独的会计要素。

（一）资产

资产是指企业过去的交易或者事项形成的、由企业拥有或者控制的、预期会给企业带来经济利益的资源。其中，企业过去的交易或者事项包括购买、生产、建造行为或其他交易或者事项，[1]预期在未来发生的交易或事项不

---

[1] 竹昱坤. 大数据背景下企业财务管理的变革和创新研究[J]. 老字号品牌营销, 2022(19): 169-171.

形成资产；由企业拥有或者控制是指企业享有某项资源的所有权，或者虽然不享有某项资源的所有权，但是该资源能被企业控制；至于预期会给企业带来经济利益是指直接或间接导致现金及现金等价物流入企业的潜力。资产在符合上述定义的同时还须符合以下两个条件：一是与该资源有关的经济利益很可能流入企业；二是该资源的成本或者价值能够可靠地计量。

(二) 负债

负债是指企业过去的交易或事项形成预期会导致经济利益流出企业的现时义务。上述定义中的现时义务是指企业在现行条件下已承担的义务，不包括未来发生的交易或事项形成的义务。同样符合定义的义务还必须满足以下条件才能确认为负债：与该义务有关的经济利益很可能流出企业；未来流出企业的经济利益的金额能够可靠地计量。

(三) 所有者权益

所有者权益是指企业资产扣除负债后由所有者享有的剩余权益。公司的所有者权益则被称为股东权益。所有者权益的来源包括所有者投入的资本、直接计入所有者权益的利得和损失、留存收益等。其中直接计入所有者权益的利得和损失是指不应计入当期损益、会导致所有者权益发生增减变动、与所有者投入资本或者向所有者分配利润无关的利得和损失。

(四) 收入

收入是指企业在日常活动中形成的、会导致所有者权益增加的、与所有者投入资本无关的经济利益的总流入。必须强调的是收入也必须同时满足这样的条件，即经济利益很可能流入进而导致企业资产增加或者负债减少，同时经济利益的流入额能够可靠地计量。

(五) 费用

费用是指企业在日常活动中发生的、会导致所有者权益减少的、与向所有者分配利润无关的经济利益的总流出。费用确认需满足的条件是经济利益很可能流出从而导致企业资产减少或者负债增加，同时经济利益的流出额能够可靠地计量。

(六) 利润

利润是指企业在一定会计期间的经营成果。利润包括收入减去费用后的净额、直接计入当期利润的利得和损失等。其中直接计入当期利润的利得和损失是指应当计入当期损益、会导致所有权发生增减变动的、与所有者投入资本或者向所有者分配利润无关的利得和损失。

五、会计要素的确认和计量

(一) 会计要素的确认

会计要素确认是指在交易和事项(经济业务)发生时,将一个项目按照会计要素正式予以记录并按要素的项目计入财务报表,它包括同时用文字和数字表述某一项目。在财务会计理论结构中,会计确认是一个重要的环节,它决定了具体的经济业务何时以何种要素的形式计入财务报表,进而达到为信息使用者提供合乎要求的会计信息的目标。

会计确认可分为初始确认和后续确认。初始确认是指对某一项目或某项经济业务进行会计记录,比如记做资产、负债、收入或费用等;后续确认是在初始确认的基础上,对各项数据进行筛选、浓缩,最终在财务报表中加以列示。在对每个项目进行确认的过程中必须同时满足以下四个标准:可定义性、可计量性、相关性、可靠性。如前所述,我国现行会计准则中也明确规定了如果要对会计要素加以确认,必须在满足定义的同时还符合相应的确认条件,最终才能计入资产负债表或利润表。由于确认的最终目标是要进入财务报表,因此非正式列入财务报表的项目不需要进行严格的确认,通常在附注中加以披露即可。

会计确认的基础有收付实现制、权责发生制。收付实现制的字面表述是"现金基础"(cash basis),即要求在收到现金时确认收入、支出现金时确认费用。权责发生制则是与收付实现制相对应的概念。具体来说,在权责发生制下确认收入时是按照货物的销售(或交付)或者劳务的提供来确认,费用则按与相关联的收入确认的时间予以确认,但不考虑现金支付的时间。目前，权责发生制是普遍采用的会计确认的基础。

(二) 会计要素的计量

财务会计通常被认为是一个对会计要素进行确认、计量和报告的过程，计量在其中是一个连接确认和报告的核心环节。具体地说，会计计量是指确定将在财务报表中确认和列报的财务报表要素的货币金额的过程。随着社会经济环境的快速发展以及会计技术的提高，传统的历史成本计量模式面临着前所未有的挑战，要使得企业的财务报告能够真正公允地反映其财务状况、经营成果，并且能够充分披露与信息使用者决策相关的信息，有必要引入其他计量基础，比如公允价值等。目前无论是 FASB 还是 IASB，或是其他国家会计准则委员会都在致力于解决财务会计中的计量问题。

1. 计量理论的主要类别

关于计量理论可以概括地分为两个派别：真实收益学派和决策有用学派。真实收益学派要求计量的结果能够真实地反映企业的收益，而决策有用学派则要求计量的结果应能满足决策的需要。目前看来，后者已经成为一种主流。

2. 计量属性

不同的会计信息需求导致不同的计量模式，而计量模式主要由三个要素组成，即计量对象、计量属性和计量尺度。其中计量属性是目前讨论最为激烈的一个话题。计量属性是指被计量客体的特征或者外在表现形式。具体到会计要素就是可以用货币对其进行量化表述的方面。我国结合国际惯例，在现行的基本会计准则中规定了五个计量属性，分别是历史成本、重置成本、可变现净值、现值和公允价值。

(1) 历史成本。在历史成本计量下，资产按照购置时支付的现金或现金等价物的金额，或者按照购置资产时所支付等对价的公允价值计量；负债按照因承担义务而实际收到的款项或者资产的金额，或者承担现实义务的合同金额，或者按照日常活动中为偿还负债预期需要支付的现金或现金等价物的金额计量。

(2) 重置成本。在重置成本计量下，资产按照现在购买相同或者相似资产所需支付的现金或现金等价物的金额计量；负债按照现在偿付该项负债所需支付的现金或现金等价物的金额计量。

（3）可变现净值。在该计量属性下，资产按照其正常对外销售所能收到现金或现金等价物的金额扣减该资产完工时估计将要发生的成本、估计的销售费用以及相关税费后的金额计量。

（4）现值。运用现值计量下，资产按照预计从其持续使用和最终处置中所产生的未来净现金流入量的折现额计量；负债按照预计期限内需要偿还的未来净现金流入量的折现额计量。需要提及的是，FASB第7号概念公告中认为现值仅是一个分配方法，对其加以计算是为了探求公允价值，公允价值在FASB的概念框架中是取代未来现金流量现值的会计属性。

（5）公允价值。公允价值计量是指资产和负债按照公平交易中熟悉情况的交易双方，自愿进行资产交换或者对债务清偿的金额进行计量。

3.计量属性的应用

在会计实务中，计量属性的应用情况并不相同。其中历史成本应用于交易或事项发生时的某一项目的"初始确认"。只要该要素在后续期间继续为一个主体所持有而不加以处置，那么，即使资产的市场价格在以后发生了变动，其后也可以不必"重新估价"。如果该要素已完全没有使用价值，不再含有未来的经济利益，则对其进行"终止确认"。对历史成本的采用无须后续计量，这样可以节约会计信息加工的成本。

对于其他如现行成本、公允价值等计量属性而言，也都可以应用于交易或事项发生时对某一要素的"初始计量"，在这些要素完全或部分丧失经济利益时，也同样需要进行部分或全部"终止确认"。但与历史计量属性不同的是，应用这些计量属性时，在后续年度都需要进行"后续确认与计量"，即每年都需要重新估计现行成本、公允价值等。作为对外会计，以财务报告的形式有效地向外部使用者提供合乎要求的会计信息是其最终目的。按照FASB概念框架的观点，"财务报告的编制不仅包括财务报表，还包括其他传输信息的手段，其内容直接或间接地与会计系统所提供的信息有关。"

无论是财务报表还是其他财务报告都是用来向资本市场的投资者表述并传递与特定主体的财务状况、经营成果和现金流量相关，并且对决策有用的信息的手段。

其中财务报表分为表内和表外附注两大部分，且都要遵循公认会计原则（GAAP），并应经注册会计师审计。在财务报表内进行表述实质是"后续确认"的过程，即遵守相应确认的基本标准，对初始确认形成的日常会计记录进行后续确认，以文字说明与数字相结合的方式形成财务报表的主体，即表内内容。附注也是财务报表的一个重要组成部分，但是不同于表内，它可以只采用文字说明，并且在不更正表内确认内容的基础上对其进行解释或补充说明。为了区别，在附注中的表述被称为"披露"。在附注中披露的信息通常包括两部分：①法定要求披露的信息；②企业管理当局自愿披露的信息。其中法定要求披露的信息来源又有两个：一是会计准则，在会计准则中除了对确认和计量进行规范外，还会指出应当披露的事项（主要在会计报表附注中）；二是源于证监会颁布的披露准则，不过一般仅适用于上市公司。

至于其他财务报告进行的信息披露主要是因为财务报表的局限性。

正如 FASB 在第 1 号概念公告中所指出的："某些有用的信息用财务报表传递较好，而某些信息则通过其他财务报告的形式更好。"在其他财务报告中披露的信息可以不受 GAAP 的限制，也可以不经过注册会计师审计，但是要求请注册会计师或者相关专家审阅。

回顾财务报告的发展过程，会发现财务报告主体的变化较小，而报表外的各种补充说明和解释却越来越多，财务报告全文的厚度日益增加。尽管如此，人们发现不断扩容的财务报告仍然不能准确、可靠地反映企业的经营风险和业绩，加强信息透明度仍然是资本市场的一大呼声。

我国参照国际惯例，要求财务报表至少应包括 5 个部分：资产负债表、利润表、现金流量表、所有者权益（或股东权益）变动表以及附注，其中附注形式不能替代应有的确认和计量。

第三节 会计规范

信息是决策的依据。在证券市场日益发达的经济环境里，会计信息的提供者并非使用者。由于会计信息具有公共物品的属性，如果对供给缺乏必要的约束就可能使受会计信息影响的市场失灵。在此背景下，为了保护处于劣势却不得不主要依靠管理层提供的会计信息进行投资或信贷等决策的外部使用者，就必须依靠一些制度安排，其目的在于减少信息不对称的同时尽可能保证提供真实、公允和透明的会计信息。这就引发了政府或社会民间机构对会计信息生产和消费机制干预的需要。干预的主要形式之一就是会计规范——要求企业按照真实、公正、充分、可比等原则进行加工和提供会计信息。[1]本节首先介绍我国目前会计规范体系的基本构成，然后分别介绍会计法、会计准则、会计制度的基本内容，最后探讨国际财务报告准则及其发展走向。

一、我国会计规范的基本构成

自改革开放以来，我国已经完成了从计划经济体制向市场经济体制的转变。目前已经初步建立了以《会计法》为核心、以行政法规以及部门规章制度为支撑的会计规范体系。

这一体系主要由以下三个层次构成：最高层次是由全国人大常委会颁布实施的《中华人民共和国会计法》(以下简称《会计法》)；第二个层次为国务院规定的有关会计工作的行政法规，如《企业财务会计报告条例》《总会计师报告条例》等；第三个层次为财政部制定的有关会计核算和会计工作的部门规章、规范性文件等会计标准，包括《企业会计准则》《企业会计制度》《企业会计制度补充规定》《会计制度的问题解答》等。

除上述外，在其他法律法规、规章制度中也有部分内容构成了对会计法规的直接或间接的支持。如《公司法》《证券法》《商业银行法》《刑法》以及证监会颁布的一系列信息披露规范。

二、会计法

《会计法》于1985年1月21日首次颁布施行，是新中国第一部专门规范会计活动的重要法律。1993年12月29日经第八届全国人大常委会第五次会议修正，后又于1999年10月31日经第九届全国人大常委会第十二次会议修订后由国家主席令下令公布，于2000年7月1日起施行。《会计法》全文共七章，包括总则、会计核算、公司企业会计核算的特别规定、会计监督、会

---

[1] 李亚明.会计准则对会计制度经济后果的影响[J].全国流通经济，2022，2320 (16)：159-162.

计机构和人员、法律责任和附则，具体又分为五十二条，以规范会计实务。

《会计法》是一切会计工作的根本大法。国家、企事业单位、社会团体以及个体工商户和其他组织都必须遵守《会计法》，进行会计实务工作。其他会计规范如会计制度和会计准则的制定都必须以《会计法》为依据。除了规范会计实务，《会计法》的颁布与施行对提高财务会计的质量也起到了积极的作用，具体表现在以下几方面：

(1) 对会计信息的真实性提出强制要求。《会计法》重点强调了会计信息的真实完整、严格禁止虚假信息。如在第二章第九条中规定"各单位必须根据实际发生的经济业务事项进行会计核算，填制会计凭证，登记会计账簿，编制财务会计报告。任何单位不得以虚假的经济事项或者资料进行会计核算"。其余类似的规定如第八条、第十二条和第二十条。这些规定表明会计信息的真实性是财务会计实务的根本价值之所在，通过法律形式来严格规定十分必要，如果会计实务反映了虚假的经济业务并产生了虚假的会计信息，必须承担各种法律责任。

(2) 强调会计监督的作用。《会计法》强调的会计监督包括内部监督和外部监督。第二十七条明确规定了各单位应当建立健全本单位的内部会计监督制度，并提出了内部会计监督制度的具体要求。第三十三条又规定了下列机构对企业实行外部的会计监督，包括财政、税务、人民银行、证券监管、保险监管等部门。通过会计监督，会计实务受到了内部和外部的双重约束，能够提供更加真实、完整的会计信息。

(3) 明确规定了单位负责人对财务欺诈的经济责任。我国的会计信息失真问题，单位负责人难辞其咎。《会计法》第四条明确规定单位负责人对本单位的会计工作和会计资料的真实性、完整性负责。该规定实际上对授权和唆使会计人员造假的行为予以了坚决打击，扭转了原先会计人员作为替罪羊对会计信息失真承担全部责任的不公现象，有利于解决会计信息失真的实际问题。

(4) 特别关注上市公司的会计行为。随着资本市场，尤其是证券市场的不断成熟，上市公司的规范问题越来越突出。《会计法》对上市公司的会计行为十分关注，如对公司收入、成本和利润的核算做出了不得偏离经济业务实质的规定。该规定实际上对上市公司的利润操纵行为进行了广义上的规范，并强调了会计制度对公司制企业的约束作用。

三、会计准则体系

(一)我国会计准则的演变

各国的会计准则的发展史表明,会计准则与资本市场之间存在着非常密切的关系。在中国上海和深圳两个证券交易所正式建立之前,股票通常通过柜台进行交易,卖方市场是当时的典型特征,利用会计信息指导决策的需求还未形成,因而对会计准则需求也不迫切。

到了20世纪90年代初,随着我国经济体制的改革,客观上要求将企业作为一个独立的市场经济主体,以会计信息的形式将其财务状况和经营成果等向外部使用者传达。在这种外在要求下,我国于1992年颁布了《企业会计准则——基本准则》。由于基本准则更多的是起到一种解放思想的作用,实际上对当时的会计实务并没有带来多大的影响,会计实务的"自主性"特性仍然很强。为了改变这种状况,财政部于1993年下半年集中力量进行了具体会计准则的制定。截至1996年1月共发布了6批29项具体准则的征求意见稿,但由于没有得到相关部门的批准,一直没有形成真正有约束力的会计准则。

基于我国制定的"以国际化为主兼顾中国特色并逐渐向国际化演进"的会计准则制定策略,我国一直在积极实施会计准则国际化。在充分考虑国际惯例及我国具体国情的基础上,财政部于2006年2月起陆续出台了新会计准则系列(包括1项基本会计准则、38项具体会计准则以及若干项应用指南)。

目前形成的企业会计准则体系是由基本准则、具体准则和应用指南3部分构成。其中,基本会计准则是纲,在整个准则中起统驭作用;具体会计准则是目,是依据基本准则原则要求对有关业务或报告做出的具体规定;应用指南是补充,是对具体会计准则的操作指南。该准则系列已于2007年1月1日起在上市公司范围内执行,同时也鼓励其他企业参照执行。执行该企业会计准则的企业不再执行原先的会计准则、企业会计制度和金融企业会计制度。

(二) 会计准则的特点

从基本面来看我国会计准则体系可以发现，此次形成的新会计准则体系是在充分考虑我国基本国情的同时，参照了国际财务报告准则的基础上制定的。其目的之一在于使在此准则体系下编制的财务报表能够更加公允地反映企业的内在价值。不仅强化了为投资者和社会公众提供对决策有用的会计信息的新理念，实现了与国际惯例的趋同，还首次构建了比较完整的有机统一体系，并为改进国际财务报告准则提供了有益借鉴，实现了我国企业会计准则建设新的跨越和突破。正如IASB主席戴维·泰迪所说："中国企业会计准则体系的发布实施，使中国企业会计准则与国际财务报告准则之间实现了实质性趋同，是促进中国经济发展和提升中国在国际资本市场中地位的非常重要的一步。"

此外，我国会计准则体系还具备其他一些特点，主要表现在以下几个方面：

（1）约束力来自强制性的行政命令。会计准则制定权力的归属方有政府和民间之分，如美国的会计准则是由民间组织制定的，会计准则更像是一种协调经济利益的机制，其制定过程中包含着相关利益集团的政治协商，因此属于制度层面的产物。我国的会计准则由财政部门统一制定，大大减少了政治协商的成分，其规范的约束力来自强制性的行政命令，在执行时具有无条件的特点。

（2）强调会计核算反映经济业务的真实情况。现代经济业务日趋复杂，当会计人员面临多变的交易和事项无所适从时，会计准则能给会计人员以技术提示和统一的标准，提供提示和标准的目的在于使会计信息能够反映经济业务的实质。强调会计核算反映经济业务的真实情况对会计信息的质量意义重大，反映经济业务的真实情况涵盖了对会计信息相关性和可靠性的综合要求。

（3）执行效果有赖于独立审计和市场监管之间的配合。各国的会计准则制定方式有所不同，但制定准则都包含同样的目的，即将资本市场内的会计实务规范化。会计准则对于上市公司的规范地位是举足轻重的，但是会计准则执行的效果有赖于独立审计和市场监管的配合，行之有效的独立审计和市场监管可以加大公司不遵守会计准则的违约成本，以此约束上市公司的行为。一般来说，会计准则、独立审计和市场监管的协同作用可以有效维持市场秩序，保证市场的"游戏规则"公平而有序。

四、国际会计准则

经济全球化要求全球资本市场一体化，进而有关统一全球会计准则的供需问题也被推到了会计理论与实务研究的前沿。我国已经加入了WTO，面临着越来越紧迫的会计国际化问题，因此了解国际会计准则的演进与发展十分必要。

国际会计准则的制定者——国际会计标准委员会（IASC）建立于1973年，作为一个由各国会计职业团体组成的民间团体，其目标是在协调的基础上制定为各国或各地区所承认并遵守的国际会计准则，由于不具备强有力的政治经济背景，因此初期制定的国际会计准则采取汇集和借鉴各国会计准则和惯例的方式。IASC制定的准则文件包括国际会计准则（IAS）和常设解释委员会（SLC）解释公告，二者的权威性是相同的。

截至1988年，IASC共制定了26项国际会计准则，但这些准则仅仅是各国会计实务的汇总，企业的选择范围很大，在此基础上编制的国际财务报表严重缺乏可比性。在资本市场全球化的浪潮里，这种严重缺乏可比性的准则不仅不适用，而且给IASC带来了负面影响。为了减少会计备选方法，提高财务报表的可比性，IASC于1989年1月出台了《财务报表可比性》的征求意见稿（E32）。根据E32，1989年至1995年，IASC针对已有的会计准则进行修订，大量减少会计备选方法，并首次划分了基准处理法和备选处理法。

IASC在其努力改革的过程中充分尊重了证券委员会国际组织（IOSCO）的意见，与此同时也得到了IOSCO的关注与支持。自1995年起，IASC致力于制定一套可以在全球资本市场上使用的"核心准则"。2000年5月，IOSCO宣布已完成对30项"核心准则"的评审工作，并推荐在各国资本市场进行使用。这一成功举措极大鼓舞了IASC，其基本目标也由原来的"协调与改进各国会计准则"演变成"制定全球会计准则"。

2001年4月IASC改组，国际会计准则理事会（IASB）应运而生。IASB

着手制定并颁布的准则被称为国际财务报告准则（IFRS），相应地，解释公告也被更名为国际财务报告解释公告。IASB 具有可以修改或撤销 IASC 时期颁布的国际会计准则和解释公告的权限，未被 IASB 修改或撤销的国际会计准则和解释公告仍将继续使用。

可以用"协调——趋同——全球会计准则"的路径来描述从 IASC 到 IASB 的发展。由于 IASB 开始强调制定高质量的全球会计准则，它已经从 IASC 时期的"会计准则协调者"转化为"全球会计准则制定者"，目前正致力于各国会计准则与国际会计准则、国际财务报告准则的趋同。

自 20 世纪 80 年代起，与国际惯例充分协调是我国会计改革一直坚持的方向。最初首先体现在 1985 年颁布的中外合资企业会计制度，进而影响 1992 年发布的《企业会计准则》以及随后的 13 个行业会计制度及《股份制试点企业会计制度》（后来修订为《股份有限公司会计制度》）。自 1997 年起陆续颁布的 16 项具体会计准则和 2001 年颁布的《企业会计制度》也获得了逐渐与国际会计准则缩小差异的改革成果。但是基于国际会计准则规范的大多是成熟市场经济国家的经济业务或事项，因而我国在借鉴与参照的过程中还必须综合考虑现实的经济和法律环境。例如从我国 2006 年 2 月颁布的新会计准则体系中可以发现，尽管原来被《企业会计制度》限制的公允价值已经有条件地在衍生金融工具、投资性房地产的会计处理中被采用，历史成本计量模式仍然是首选的基础模式。

目前我国已经基本实现了与国际会计准则的"实质性趋同"，但这并不意味着就会产生可比性的会计信息，因为会计准则的国际化并不能保证会计实务的可比性，因此构建与完善会计准则的支撑环境（如公司治理结构、审计、经理人市场、市场结构以及法律诉讼机制）是实现我国会计国际化的必要条件。

第二章　财务会计货币资金管理分析

第一节　货币资金概述

一、货币资金的内容

货币资金是企业经营过程中以货币形态存在的资产，是企业资产的重要组成部分，也是企业资产中流动性较强的一种资产。任何企业要进行生产经营活动都必须拥有货币资金，持有货币资金是进行生产经营活动的基本条件。货币资金作为支付手段，可用于支付各项费用、清偿各种债务及购买其他资产，因而具有普遍的可接受性。根据货币资金的存放地点及其用途的不同，货币资金分为现金、银行存款、其他货币资金。就会计核算而言，货币资金的核算并不复杂，但由于货币资金具有高度的流动性，因而在组织会计核算过程中，加强货币资金的管理和控制是至关重要的。

二、货币资金的控制

货币资金是企业资产中流动性较强的资产，对其加强管理和控制，对于保障企业资产安全完整、提高货币资金周转和使用效益具有重要的意义。加强对货币资金的控制，应当结合企业生产经营特点，制定相应的控制制度和监督实施。一般说来，货币资金的管理和控制应当遵循如下原则：

（1）严格职责分工。将涉及货币资金不相容的职责分由不同的人员担任，形成严密的内部牵制制度，以减少和降低货币资金管理上舞弊的可能性。

（2）实行交易分开。将现金支出业务和现金收入业务分开进行处理，防止将现金收入直接用于现金支出的行为。

（3）实行内部稽核。设置内部稽核单位和人员，建立内部稽核制度，以加强对货币资金管理的监督，及时发现货币资金管理中存在的问题，改进对货币资金的管理控制。

(4)实施定期轮岗制度。对涉及货币资金管理和控制的业务人员实行定期轮换岗位。通过轮换岗位，降低货币资金管理和控制中产生舞弊的可能性，并及时发现有关人员的舞弊行为。

第二节 现 金

一、现金的概念及范围

现金是货币资金的重要组成部分，是通用的支付手段，也是对其他资产进行计量的一般尺度和会计处理的基础。它具有不受任何契约的限制、可以随时使用的特点。可以随时用其购买所需的物资、支付有关的费用、偿还债务，也可以随时存入银行。由于现金是流动性最强的一种货币资金，企业必须对现金进行严格的管理和控制，使现金能在经营过程中合理、通畅地流转，提高现金使用效益，保护现金安全。

现金有狭义的概念和广义的概念之分。狭义的现金仅指库存现金，包括人民币现金和外币现金。我国会计实务中定义的现金即为狭义的现金，而很多西方国家较多地采用了广义的现金概念。广义的现金除库存现金外，也包括银行存款，还包括其他符合现金定义、可以普遍接受的流通中的票证，如个人支票、旅行支票、银行汇票、银行本票、邮政汇票等。但下列各项不应被列为现金：

（1）企业为取得更高收益而持有的金融市场的各种基金、存款证以及其他类似的短期有价证券，这些项目应被列为短期投资。

（2）企业出纳手中持有的邮票、远期支票、被退回或止付的支票、职工借条等。其中，邮票应作为库存办公用品或待摊费用；欠款客户出具的远期支票应作为应收票据；因出票人存款不足而被银行退回或出票人通知银行停止付款的支票，应转为应收账款；职工借条应作为其他应收款。

（3）其他不受企业控制、非日常经营使用的现金。例如：公司债券偿债基金、受托人的存款、专款专储等供特殊用途使用的现金。

二、现金的内部控制

由于现金是交换和流通手段，又可以当作财富来储蓄，其流动性又最强，因而最容易被挪用或侵占。因此，任何企业都应特别重视现金的管理。现金流动是否合理和恰当，对于企业的资金周转和经营成败至关重要。为确保现金的安全与完整，企业必须建立健全现金内部控制制度。而且，由于现金是一项非生产性资产，除存款利息外不能为企业创造任何价值，因此企业的现金在保证日常开支需要的前提下不应持有过多，健全现金内部控制制度有助于企业保持合理的现金存量。

当然，现金内部控制的目的并不是发现差错，而是要减少发生差错、舞弊、欺诈的机会。一个有效的内部控制制度，不允许由单独一个人自始至终地操纵和处理一笔业务的全过程。必须在各自独立的部门之间有明确合理的分工，不允许一个人兼管现金的收入和支付，不允许经管现金的人员兼管现金的账册。内部控制制度在一定程度上起到保护现金资产安全的作用。此外，也可以利用电子计算机监管各项记录的正确性和提高现金收付的工作效率。

健全的现金内部控制制度包括现金收入控制、现金支出控制和库存现金控制3个部分。

(一) 现金收入的内部控制

现金收入主要与销售产品或提供劳务的活动有关，所以应健全销售和应收账款的内部控制制度，以作为现金收入内部控制制度的基础。

现金收入控制的目的是要保证全部现金收入都无一遗漏地入账。其基本内容有：

(1) 签发现金收款凭证（收据）与收款应由不同的经办人员负责办理。一般由销售部经办销售业务的人员填制销货发票和收款收据，会计部门出纳员据以收款，其他会计人员据以入账。处理现金收入业务的全过程由不同人员办理，可以确保销货发票金额、收据金额和入账金额完全一致，能达到防止由单独一个人经办可能发生弊端的目的，起到相互牵制的作用。

(2) 一切现金收入必须当天入账，尽可能在当天存入银行，不能在当天存入银行的,应该于次日上午送存银行,防止将现金收入直接用于现金支出的"坐支"行为。

(3)一切现金收入都应无一例外地开具收款收据。对收入款有付款单位开的凭证,会计部门在收到时,仍应开收据给交款人,以分清彼此责任。

(4)建立"收据销号"制度,监督收入款项的入账。即根据开出收据的存根与已入账的收据联,按编号、金额逐张核对,核对无误后予以注销。作废的收据应全联粘贴在存根上。"收据销号"的目的是确保已开出的收据无一遗漏地收到了款项,且现金收入全部入账。

(5)控制收款收据和销货发票的数量和编号。领用收据应由领用人签收领用数量和起讫编号。收据存根由收据保管人收回,回收时要签收,并负责保管。要定期查对尚未使用的空白收据,防止短缺遗失。已使用过的收据和发票应清点、登记、封存和保管,并按规定手续审批后销毁。

(6)对于邮政汇款,在收到时应由两人会同拆封,并专门登记有关来源、金额和收据情况。

(7)企业从开户银行提取现金,应当写明用途,加盖预留银行印鉴,经开户银行审核后,予以支付现金。

(二)现金支出的内部控制

现金支出控制的目的是要保证不支付任何未经有关主管认可批准付款的款项。现金支出要遵守国家规定的结算制度和现金管理办法。其基本内容有:

(1)支付现金要符合国家规定的现金使用范围。根据国务院颁发的《现金管理暂行条例》的规定,下列几种情况允许企业使用现金结算:

①支付职工的工资、津贴;

②个人劳务报酬;

③支付给个人的科学技术、文化艺术、体育等各项奖金;

④向个人收购农副产品或其他物资而支付的款项;

⑤各种劳保、福利费用以及国家规定的对个人的其他支出,如支付的各种抚恤金、退休金、社会保险和社会救济支出;

⑥出差人员必须随身携带的差旅费;

⑦转账结算起点以下（1 000元）的零星开支；

⑧中国人民银行规定的其他使用现金的范围。

（2）与付款相关的授权、采购、出纳、记账工作应由不同的经办人员负责，不能职责不分，一人兼管。

（3）支票的签发至少要由两人签字或盖章，以相互牵制、互相监督。

（4）任何款项的支付都必须以原始凭证作为依据，由经办人员签字证明，分管主管人员审批，并经有关会计人员审核后，出纳人员方能据以办理付款。

（5）付讫的凭证要盖销"银行付讫"或"现金付讫"章，并定期装订成册，由专人保管，以防付款凭证遭盗窃、篡改和重复报销等情况的发生。

按照上述内部控制的内容，处理现金支出业务应遵照规定的程序进行。

（三）库存现金的内部控制

库存现金控制的目的是要确定合理的库存现金限额，并保证库存现金的安全、完整。其基本内容有：

（1）正确核定库存现金限额，超过限额的现金应及时送存银行。库存现金限额应由开户银行和企业共同根据企业的日常零星开支的数额，以及距离银行远近等因素确定。企业一般保留3到5天的零用现金，最多不得保留超过15天的零用现金。库存现金限额一经确定，超过部分必须在当天或次日上午由企业解交银行。未经银行许可，企业不得擅自坐支现金。确实情况特殊，需坐支现金的，应由企业向银行提交坐支申请，在银行批准的坐支额度内坐支，并按期向银行报告坐支情况。库存现金低于限额时企业可向银行提取现金、补充限额。

（2）出纳人员必须及时登记现金记账，做到日清月结，不得以不符合财务制度和会计凭证手续的"白条"和单据抵充库存现金；不准谎报用途套取现金；不准用银行账户代其他单位和个人存入或支取现金；不准将单位收入的现金以个人名义存储，即"公款私存"；不准保留账外公款，不得设置小金库等。每天营业终了后要核对库存现金和现金日记账的账面余额，如发现账实不符，要及时查明原因并予以处理。

（3）内部审计或稽核人员要定期对库存现金进行核查，也可根据需要进行临时抽查。

在实务中，不同企业由于其业务性质、经营规模、人员数量、现金的来源渠道和支出用途等因素不同，其现金控制制度也不尽相同。然而，不同条件下设立内部控制制度应遵循的基本原则是相同的。其基本原则主要体现在两个方面：第一，实施处理现金业务的合理分工，即现金收支业务包括授权、付款、收款和记录等各个环节，应由不同的人员来完成，以便形成严密的内部牵制制度。第二，加强银行对现金收支的控制和监督，即企业应尽可能保持最少量的库存现金，绝大部分现金应存入银行，主要的现金支出都使用支票通过银行办理。这样，不仅可以减少保存大量库存现金的成本和风险，而且银行提供的对账单也为检查现金收支记录的正确性提供了依据。

三、现金业务的会计处理

为加强对现金的核算，企业应设置"现金"账。"现金"账户借方反映由于现销、提现等而增加的现金，贷方反映由于现购、现金送存银行、发放工资、支付其他费用等而减少的现金。该账户期末借方余额反映企业实际持有的库存现金。

另外，为随时掌握现金收付的动态和库存余额，保证现金的安全，企业必须设置"现金日记账"，按照业务发生的先后顺序逐笔序时登记。每日终了，应根据登记的"现金日记账"结余数与实际库存数进行核对，做到账实相符。月份终了，"现金日记账"的余额必须与"现金"总账的余额核对相符。

有外币现金收支业务的单位，应当按照人民币现金、外币现金的币种设置现金账户进行明细核算。

（一）一般现金业务的账务处理

【例1】签发现金支票，由银行提现2000元。

借：现金2000元

贷：银行存款2000元

【例2】采购员李林预借3000元差旅费。

借：其他应收款——李林3000元

贷：现金3000元

【例3】购进原材料，购销双方均为一般纳税人，增值税专用发票上的金额为800元，适用税率为17%，材料已入库。价款以现金支付。

借：原材料 800 元

应交税金——应交增值税（进项税额）136 元

贷：现金 936 元

(二) 现金溢缺的账务处理

企业平时应经常由内部审计部门或稽核人员检查现金的收付存情况。另外，每日终了结算现金收支或财产清查时，发现有待查明原因的现金短缺或溢余，应及时进行账务处理。

发生的现金溢余或短缺通过"待处理财产损溢"科目核算。查明原因后，如为现金短缺，属于应由责任人赔偿的部分，由"待处理财产损溢"账户转入"其他应收款××个人"；属于应由保险公司赔偿的部分，由"待处理财产损溢"账户转入"其他应收款——应收保险赔款"；属于无法查明的其他原因，根据管理权限，经批准后计入"管理费用"，确认为当期损益。如为现金溢余，属于应支付给有关人员或单位的，由"待处理财产损溢"账户转入"其他应付款——××个人或单位"；属于无法查明原因的现金溢余，经批准后，计入"营业外收入——现金溢余"。

【例4】月末盘点，库存现金 18324.15 元，现金日记账余额为 18414.15 元，发生现金短缺 90 元。经查明，由于出纳员周海工作中的失误造成现金短缺 70 元，其他 20 元无法查明原因。账务处理为：

发生现金短缺时：

借：待处理财产损溢——待处理流动资产损溢 90 元

贷：现金 90 元

报批后：

借：其他应收款——应收现金短缺款（周海）70 元

管理费用 20 元

贷：待处理财产损溢——待处理流动资产损溢 90 元

第三节 银行存款

银行存款是企业存放在银行或其他金融机构的货币资金。依国家有关规定，凡是独立核算的单位都必须在当地银行开设账户。企业在银行开设账户以后，超过限额的现金必须存入银行；除按规定限额保留库存现金外，除了在规定的范围内可以用现金直接支付的款项外，在经营过程中所发生的一切货币收支业务，都必须通过银行存款账户进行结算。

一、银行存款账户的管理

（一）银行存款账户的类型

正确开立和使用银行账户是做好资金结算工作的基础，企业只有在银行开立了存款账户，才能通过银行同其他单位进行结算，办理资金的收付。

《银行账户管理办法》将企事业单位的存款账户划分为四类，即基本存款账户、一般存款账户、临时存款账户和专用存款账户。

一般企事业单位只能选择一家银行的一家营业机构开立一个基本存款账户，主要用于办理日常的转账结算和现金收付，企事业单位的工资、奖金等现金的支取只能通过该账户办理；企事业单位可在其他银行的一家营业机构开立一个一般存款户，该账户可办理转账结算和存入现金，但不可支取现金；临时存款账户是存款人因临时经营活动需要开立的账户，如临时采购资金等；专用存款账户是企事业单位因特定用途需要开立的账户，如基本建设项目专项资金。

（二）银行存款账户的管理

为了加强对基本存款账户的管理，企事业单位开立基本存款账户实行开户许可证制度，必须凭中国人民银行当地分支机构核发的开户许可证进行办理。对银行存款账户的管理规定如下：

（1）企事业单位不得为还贷、还债和套取现金而多头开立基本存款账户；

（2）不得出租、出借银行账户；

(3) 不得违反规定在异地存款和贷款而开立账户；

(4) 任何单位和个人不得将单位的资金以个人名义开立账户存储。

二、银行结算方式的种类

在我国，企业日常与其他企业或个人的大量的经济业务往来，都是通过银行结算的，银行是社会经济活动中各项资金流转结算的中心。为了保证银行结算业务的正常开展，使社会经济活动中各项资金得以通畅流转，根据《中华人民共和国票据法》和《票据管理实施办法》，中国人民银行总行对银行结算办法进行了全面的修改和完善，形成了《支付结算办法》，并于1997年12月1日正式施行。

《支付结算办法》规定，企业目前可以选择使用的票据结算工具主要包括银行汇票、商业汇票、银行本票和支票，可以选择使用的结算方式主要包括汇兑、托收承付和委托收款三种结算方式以及信用卡，另外还有一种国际贸易采用的结算方式，即信用证结算方式。

（一）银行汇票

银行汇票是由出票银行签发的，由其在见票时按照实际结算金额无条件支付给收款人或持票人的票据。银行汇票具有使用灵活、票随人到、兑现性强等特点，适用于先收款后发货或钱货两清的商品交易。除此之外，单位和个人各种款项结算，均可使用银行汇票。

银行汇票可以用于转账，填明"现金"字样的银行汇票也可以用于支取现金。银行汇票的付款期为1个月，超过付款期限提示付款不获付款的，持票人须在票据权利时效内向出票银行做出说明，并提供本人身份证件或单位证明，持银行汇票和解讫通知向出票银行请求付款。丢失银行的汇票，失票人可凭人民法院出具的其享有票据权利的证明向出票银行申请付款或退款。

企业支付购货款等款项时，应向出票银行填写"银行汇票申请书"，填明收款人名称、支付人、申请人、申请日期等事项并签章，签章为其预留银行的印鉴。银行受理银行汇票申请书，收妥款项后签发银行汇票，并用压数机压印出票金额，然后将银行汇票和解讫通知一并交给汇款人。

申请人取得银行汇票后即可持银行汇票向填明的收款单位办理结算。

银行汇票的收款人可以将银行汇票背书转让给他人。背书转让以不超过出票金额的实际结算金额为限，未填写实际结算金额或实际结算金额超过出票金额的银行汇票不得背书转让。

收款企业在收到付款单位送来的银行汇票时，应在出票金额以内，根据实际需要的款项办理结算，并将实际结算金额和多余金额准确清晰地填入银行汇票和解讫通知的有关栏内。银行汇票的实际结算金额低于出票金额的，其多余金额由出票银行退交申请人。收款企业还应填写进账单并在汇票背面"持票人向银行提示付款签章"处签章，签章应与预留银行的印鉴相同，然后，将银行汇票和解讫通知、进账单一并交开户银行办理结算，银行审核无误后，办理转账。

（二）银行本票

银行本票是由银行签发的、承诺自己在见票时无条件支付确定的金额给收款人或者持票人的票据。银行本票由银行签发并保证兑付，而且见票即付，具有信誉高、支付功能强等特点。用银行本票购买材料物资，销货方可以见票付货，购货方可以凭票提货，债权债务双方可以凭票清偿。收款人将本票交存银行，银行即可为其入账。无论单位还是个人，在同一票据交换区域都可以使用银行本票支付各种款项。

银行本票分为定额本票和不定额本票：定额本票面值分别为1000元、5000元、10000元、50000元。在票面划去转账字样的为现金本票。

银行本票的付款期限为自出票日起最长不超过2个月，在付款期内银行本票见票即付；超过提示付款期限不获付款的，在票据权利时效内向出票银行做出说明，并提供本人身份证或单位证明，可持银行本票向银行请求付款。

企业支付购货款等款项时，应向银行提交"银行本票申请书"，填明收款人名称、申请人名称、支付金额、申请日期等事项并签章。申请人或收款人为单位的，银行不予签发现金银行本票。出票银行受理银行本票申请书后，收妥款项签发银行本票。不定额银行本票用压数机压印出票金额，出票银行在银行本票上签章后交给申请人。

申请人取得银行本票后，即可向填明的收款单位办理结算。收款单位可以根据需要在票据交换区域内背书转让银行本票。

收款企业在收到银行本票时，应该在提示付款时在本票背面"持票人向银行提示付款签章"处加盖预留银行印鉴，同时填写进账单，连同银行本票一并交开户银行转账。

(三) 商业汇票

商业汇票是出票人签发的、委托付款人在指定日期无条件支付确定的金额给收款人或者持票人的票据。在银行开立存款账户的法人以及其他组织之间须具有真实的交易关系或债权债务关系，才能使用商业汇票。商业汇票的付款期限由交易双方商定，但最长不得超过6个月。商业发票的提示付款期限为自汇票到期日起10日内。

存款人领购商业汇票，必须填写"票据和结算凭证领用单"并加盖预留银行印鉴；存款账户结清时，必须将全部剩余空白商业汇票交回银行注销。

商业汇票可以由付款人签发并承兑，也可以由收款人签发交由付款人承兑。定日付款或者出票后定期付款的商业汇票，持票人应当在汇票到期日前向付款人提示承兑；见票后定期付款的汇票，持票人应当自出票日起1个月内向付款人提示承兑。汇票未按规定期限提示承兑的，持票人即丧失对其前手的追索权。付款人应当自收到提示承兑的汇票之日起3日内承兑或者拒绝承兑。付款人拒绝承兑的，必须出具拒绝承兑的证明。商业汇票可以背书转让。符合条件的商业承兑汇票的持票人可持未到期的商业承兑汇票连同贴现凭证，向银行申请贴现。

商业汇票按承兑人不同分为商业承兑汇票和银行承兑汇票两种。

1. 商业承兑汇票

商业承兑汇票是由银行以外的付款人承兑。商业承兑汇票按交易双方约定，由销货企业或购货企业签发，但由购货企业承兑。承兑时，购货企业应在汇票正面记载"承兑"字样和承兑日期并签章。承兑不得附有条件，否则视为拒绝承兑。汇票到期时，购货企业的开户银行凭票将票款划给销货企业或贴现银行。销货企业应在提示付款期限内通过开户银行委托收款或直接向付款人提示付款。对异地委托收款的，销货企业可匡算邮程，提前通过开户银行委托收款。汇票到期时，如果购货企业的存款不足支付票款，开户银行应将汇票退还销货企业，银行不负责付款，由购销双方自行处理。

2. 银行承兑汇票

银行承兑汇票由银行承兑，由在承兑银行开立存款账户的存款人签发。承兑银行按票面金额向出票人收取万分之五的手续费。

购货企业应于汇票到期前将票款足额交存其开户银行，以备由承兑银行在汇票到期日或到期日后的见票当日支付票款。销货企业应在汇票到期时将汇票连同进账单送交开户银行以便转账收款。承兑银行凭汇票将承兑款项无条件转给销货企业，如果购货企业于汇票到期日未能足额交存票款时，承兑银行除凭票向持票人无条件付款外，对出票人尚未支付的汇票金额按照每天万分之五计收罚息。

采用商业汇票结算方式，可以使企业之间的债权债务关系表现为外在的票据，使商业信用票据化，加强约束力，有利于维护和发展社会主义市场经济。对于购货企业来说，由于可以延期付款，可以在资金暂时不足的情况下及时购进材料物资，保证生产经营顺利进行。对于销货企业来说，可以疏通商品渠道、扩大销售、促进生产。汇票经过承兑，信用较高，可以按期收回货款，防止拖欠，在急需资金时，还可以向银行申请贴现，融通资金，比较灵活。销货企业应根据购货企业的资金和信用情况不同，选用商业承兑汇票或银行承兑汇票；购货企业应加强资金的计划管理，调度好货币资金，在汇票到期以前，将票款送存开户银行，保证按期承付。

（四）支票

支票是单位或个人签发的、委托办理支票存款业务的银行在见票时无条件支付确定的金额给收款人或者持票人的票据。

支票结算方式是同城结算中应用比较广泛的一种结算方式。单位和个人在同一票据交换区域的各种款项结算，均可以使用支票。支票由银行统一印制，支票上印有"现金"字样的为现金支票。支票上印有"转账"字样的为转账支票，转账支票只能用于转账。未印有"现金"或"转账"字样的为普通支票，普通支票可以用于支取现金，也可以用于转账。在普通支票左上角画两条平行线的，为划线支票，划线支票只能用于转账，不得支取现金。

支票的提示付款期限为自出票日起10日内，中国人民银行另有规定的除外。超过提示付款期限的，持票人开户银行不予受理，付款人不予付款。转账支票可以根据需要在票据交换区域内背书转让。

存款人领购支票，必须填写"票据和结算凭证领用单"并加盖预留银行印鉴。存款账户结清时，必须将全部剩余空白支票交回银行注销。

企业财会部门在签发支票之前，出纳人员应该认真查明银行存款的账面结余数额，防止签发超过存款余额的空头支票。签发空头支票，银行除退票外，还应按票面金额处以5%但不低于1000元的罚款。持票人有权要求出票人赔偿支票金额2%的赔偿金。签发支票时，应使用蓝黑墨水或碳素墨水，将支票上的各要素填写齐全，并在支票上加盖其预留的银行印鉴。出票人预留银行的印鉴是银行审核支票付款的依据。银行也可以与出票人约定使用支付密码，作为银行审核支付支票金额的条件。

(五) 信用卡

信用卡是指商业银行向个人和单位发行的，凭以向特约单位购物、消费和向银行存取现金，且具有消费信用的特制载体卡片。

信用卡按使用对象分为单位卡和个人卡；按信誉等级分为金卡和普通卡。

凡在中国境内金融机构开立基本存款账户的单位可申领单位卡。单位卡可申领若干张，持卡人资格由申领单位法定代表人或其委托的代理人书面指定和注销，持卡人不得出租或转借信用卡。单位卡账户的资金一律从其基本存款账户转账存入，在使用过程中，需要向其账户续存资金的，也一律从其基本存款账户转账存入，不得交存现金，不得将销货收入的款项存入其账户。单位卡一律不得用于10万元以上的商品交易、劳务供应款项的结算，不得支取现金。

信用卡在规定的限额和期限内允许善意透支，关于透支额，金卡最高不得超过10000元，普通卡最高不得超过5000元。透支期限最长为60天。透支利息，自签单日或银行记账日起15日内按日息万分之五计算；超过15日，则按日息万分之十计算；超过30日或透支金额超过规定限额的，按日息万分之十五计算。透支计算不分段，按最后期限或者最高透支额的最高利率档次计息。超过规定限额或规定期限，并且经发卡银行催收无效的透支行为称为恶意透支,持卡人使用信用卡不得发生恶意透支。严禁将单位的款项存入个人卡账户中。

单位或个人申领信用卡,应按规定填制申请表,连同有关资料一并送交发卡银行。符合条件并按银行要求交存一定金额的备用金后,银行为申领人开立信用卡存款账户,并发给信用卡。

(六) 汇兑

汇兑是汇款人委托银行将其款项支付给收款人的结算方式。单位和个人的各种款项的结算,均可使用汇兑结算方式。

汇兑分为信汇、电汇两种。信汇是指汇款人委托银行通过邮寄方式将款项划转给收款人。电汇是指汇款人委托银行通过电报将款项划给收款人。这两种汇兑方式由汇款人根据需要选择使用。汇兑结算方式适用于异地之间的各种款项结算。这种结算方式划拨款项简便、灵活。

企业采用这一结算方式,付款单位汇出款项时,应填写银行印发的汇款凭证,列明收款单位名称、汇款金额及汇款的用途等项目,送达开户银行,委托银行将款项汇往收汇银行。收汇银行将汇款收进单位存款户后,向收款单位发出收款通知。

(七) 委托收款

委托收款是收款人委托银行向付款人收取款项的结算方式。无论单位还是个人都可凭已承兑商业汇票、债券、存单等付款人债务证明办理同城或异地款项收取。委托收款还适用于收取电费、电话费等付款人众多且分散的公用事业费等有关款项。

委托收款结算款项划回的方式分为邮寄和电报两种。

企业委托开户银行收款时,应填写银行印制的委托收款凭证和有关的债务证明。在委托收款凭证中写明付款单位名称、收款单位名称、账号及开户银行,委托收款金额的大小写、款项内容、委托收款凭据名称及附寄单证张数等。企业的开户银行受理委托收款后,将委托收款凭证寄交付款单位开户银行,由付款单位开户银行审核,并通知付款单位。

付款单位收到银行交给的委托收款凭证及债务证明,应签收并在3日之内审查债务证明是否真实，是否为本单位的债务，确认之后通知银行付款。

付款单位应在收到委托收款通知的次日起3日内，主动通知银行是否付款。如果不通知银行，银行视同企业同意付款并在第4日，从单位账户中付出此笔委托收款款项。

付款人在3日内审查有关债务证明后，认为债务证明或与此有关的事项符合拒绝付款的规定，应出具拒绝付款理由书和委托收款凭证第五联及持有的债务证明，向银行提出拒绝付款。

(八) 托收承付

托收承付是根据购销合同由收款人发货后委托银行向异地付款人收取款项，由付款人向银行承认付款的结算方式。使用托收承付结算方式的收款单位和付款单位，必须是国有企业、供销合作社以及经营管理较好，并经开户银行审查同意的城乡集体所有制工业企业。办理托收承付结算的款项，必须是商品交易，以及因商品交易而产生的劳务供应的款项。代销、寄销、赊销商品的款项，不得办理托收承付结算。

托收承付款项划回方式分为邮寄和电报两种，由收款人根据需要选择使用；收款单位办理托收承付，必须具有商品发出的证件或其他证明。托收承付结算每笔的金额起点为10000元，新华书店系统每笔金额起点为1000元。

采用托收承付结算方式时，购销双方必须签有符合《经济合同法》的购销合同，并在合同上订明使用托收承付的结算方式。销货企业按照购销合同发货后，填写托收承付凭证，盖章后连同发运证件（包括铁路、航运、公路等运输部门签发的运单、运单副本和邮局包裹回执）或其他符合托收承付结算的有关证明和交易单证送交开户银行办理托收手续。

销货企业开户银行接受委托后，将托收结算凭证回联退给企业，作为企业进行账务处理的依据，并将其他结算凭证寄往购货单位开户银行，由购货单位开户银行通知购货单位承认付款。

购货企业收到托收承付结算凭证和所附单据后，应立即审核是否符合订货合同的规定。按照《支付结算办法》的规定，承付货款分为验单付款与验货付款两种，这在双方签订合同时进行约定。验单付款是购货企业根据经济合同对银行转来的托收结算凭证、发票账单、托运单及代垫运杂费等单据进行审查无误后,即可承认付款。为了便于购货企业对凭证的审核和筹措资金,结算办法规定承付期为3日,从付款人开户银行发出承付通知的次日算起(承付期内遇法定休假日顺延)。购货企业在承付期内,未向银行表示拒绝付款,银行即视作承付,并在承付期满的次日(法定休假日顺延)上午银行开始营业时,将款项主动从付款人的账户内付出,按照销货企业指定的划款方式,划给销货企业。验货付款是购货企业待货物运达企业,对其进行检验与合同完全相符后才承认付款。

为了满足购货企业组织验货的需要,结算办法规定承付期为10日,从运输部门向购货企业发出提货通知的次日算起,承付期内购货企业未表示拒绝付款的,银行视为同意承付,于10日期满的次日上午银行开始营业时,将款项划给收款人。为满足购货企业组织验货的需要,对收付双方在合同中明确规定,并在托收凭证上注明验货付款期限的,银行从其规定。

对于下列情况,付款人可以在承付期内向银行提出全部或部分拒绝付款:①没有签订购销合同或购销合同未订明托收承付结算方式的款项;②未经双方事先达成协议,收款人提前交货或因逾期交货付款人不再需要该项货物的款项;③未按合同规定的到货地址发货的款项;④代销、寄销、赊销商品的款项;⑤验单付款,发现所列货物的品种、规格、数量、价格与合同规定不符。或货物已到,经查验货物与合同规定或发货清单不符的款项;⑥验货付款,经查验货物与合同规定或与发货清单不符的款项;⑦货款已经支付或计算错误的款项。

不属于上述情况的,购货企业不得提出拒付。

购货企业提出拒绝付款时,必须填写"拒绝付款理由书",注明拒绝付款理由,涉及合同的应引证合同上的有关条款。属于商品质量问题,需要提出质量问题的证明;属于外贸部门进口商品,应当提出国家商品检验或运输等部门出具的证明,向开户银行办理拒付手续。

银行同意部分或全部拒绝付款的,应在拒绝付款理由书上签注意见,并将拒绝付款理由书、拒付证明、拒付商品清单等有关单证邮寄收款人开户银行转交销货企业。

付款人开户银行对付款人逾期支付的款项,根据逾期付款金额和逾期天数，按每天万分之五计算逾期付款赔偿金。逾期付款天数从承付期满之日算起。银行审查拒绝付款期间不算作付款人逾期付款，但对无理地拒绝付款而增加银行审查时间的，从承付期满日起计算逾期付款赔偿金。赔偿金实行定期扣付，每月计算1次，于次月3日内单独划给收款人。赔偿金的扣付列为企业销货收入扣款顺序的首位。付款人账户余额不足支付时，应排列在工资之前，并对该账户采取"只收不付"的控制办法，直至足额扣付赔偿金后才准予办理其他款项的支付，由此产生的经济后果由付款人自负。

(九) 信用证

信用证结算方式是国际结算的主要方式之一。经中国人民银行批准经营结算业务的商业银行总行以及经商业银行总行批准开办信用证结算业务的分支机构，也可以办理国内企业之间商品交易的信用证结算业务。

采用信用证结算方式的，收款单位收到信用证后，即备货装运、签发有关发票账单，连同运输单据和信用证送交银行，根据退还的信用证等有关凭证编制收款凭证；付款单位在接到开证行的通知时，根据付款的有关单据编制付款凭证。

企业通过银行办理支付结算时应当认真执行国家各项管理办法和结算制度。中国人民银行颁布的《支付结算办法》规定：

（1）单位和个人办理结算，不准签发没有资金保证的票据或远期支票，套取银行信用；

（2）不得签发、取得或转让没有真实交易和债权债务的票据，套取银行和他人的资金；

（3）不准无理拒绝付款，任意占用他人资金；

（4）不准违反规定开立和使用账户。

三、银行存款业务的会计处理

为正确核算银行存款，企业应按开户银行和其他金融机构、存款种类等，分别设置"银行存款日记账"，由出纳人员根据收付款凭证，按照业务的发生顺序逐笔登记，每日终了应结出余额。该账户借方反映由于销售、收回款项、现金送存银行等而增加的银行存款，贷方反映由于购货、支付款项、提现等而减少的银行存款;期末借方余额,反映企业实际存在银行或其他金融机构的款项。月末"银行存款日记账"账面余额应与"银行存款"总账余额核对相符。

有外币存款的企业,应分别为人民币和各种外币设置"银行存款日记账"进行明细核算。

"银行存款日记账"应定期与"银行对账单"进行核对。至少每月核对一次。

月度终了,企业银行存款日记账账面余额与银行对账单余额之间如有差额,必须逐笔查明原因进行处理。并与月编制"银行存款余额调节表"调节相符。

企业应加强对银行存款的管理,并定期对银行存款进行检查。如果有确凿证据表明存在银行或其他金融机构的款项已经部分不能收回,或者全部不能收回,如吸收存款的单位已宣告破产,其破产财产不足以清偿的部分,或者全部不能清偿的,应当作为当期损失,记入"营业外支出"科目。

【例5】售出商品,双方均为增值税一般纳税人,适用税率17%。增值税专用发票上的金额为100000元,税额为17000元。收到117000元支票,已存入银行。

借:银行存款117000元

贷:主营业务收入100000元

应交税金——应交增值税(销项税额)17000元

【例6】签发80000元的转账支票,支付前欠购货款。

借:应付账款80000元

贷:银行存款80000元

【例7】将现金3000元送存银行。

借:银行存款3000元

贷:现金3000元

四、银行存款余额的调节

企业每月应将银行存款日记账余额与银行对账单余额进行核对,以检查企业银行存款记录的正确性。

（一）银行存款余额差异的原因

企业银行存款日记账余额与银行对账单余额往往不一致，造成差异的原因是多方面的，主要有：

(1) 银行或企业的某一方或双方漏记某一项或几项交易；

(2) 银行或企业的某一方或双方记账错误；

(3) 存在未达账项。

未达账项是指由于企业与银行取得凭证的时间不同，导致记账时间不一致发生的一方已取得结算凭证且登记入账，而另一方由于尚未取得结算凭证尚未入账的款项。未达账项一般有四种情况：

(1) 企业已收款入账而银行尚未入账的款项，即企业已收，银行未收。如企业销售产品收到支票，送存银行后即可根据银行盖章退回的"进账单"回单联登记银行存款的增加，但由于银行尚未办妥兑收手续而未入账，在这种情况下，若不考虑其他因素，则企业"银行日记账"余额要大于"银行对账单"余额。

(2) 企业已付款入账而银行尚未入账的款项，即企业已付，银行未付。如企业开出支票支付购料款，企业根据支票存根、发票等凭证登记银行存款的减少，而银行由于收款人尚未持票向银行兑取而未入账。在这种情况下，若不考虑其他因素，则企业"银行存款日记账"余额要小于"银行对账单"余额。

(3) 银行已收款入账而企业尚未入账的款项，即银行已收，企业未收。如银行已收企业托收的款项，已登记企业银行存款增加，企业由于尚未收到银行的收款通知而未入账，或已收到银行的收账通知但未及时入账。在这种情况下，若不考虑其他因素，则企业"银行存款日记账"余额小于"银行对账单"余额。

(4) 银行已付款入账而企业尚未入账的款项，即银行已付，企业未付。如银行代企业直接支付的各种费用，银行已作为企业存款的减少入账，但企业尚未接到凭证而未入账，或已收到凭证但尚未及时入账。在这种情况下，若不考虑其他因素，则企业"银行存款日记账"余额要大于"银行对账单"余额。

(二) 银行存款余额调节表的编制

企业银行存款日记账余额与银行对账单余额的差异，可通过编制银行存款余额调节表进行调节，并通过核对调节后余额是否一致，进一步检查企业银行存款记录的正确性，保证账实相符。

银行存款余额调节表有两种格式：一种格式是以企业银行存款日记账余额(或银行对账单余额)为起点，加减调整项目，调整到银行对账单余额(或企业银行存款日记账余额)；另一种格式是分别以企业银行存款日记账余额和银行对账单余额为起点。加减各自的调整项目，分别得出两个调节后的余额。在会计实务中较多地采用了后一种格式。

【例8】宏大公司2000年12月31日银行存款日记账余额为693 634.48元，同一日银行对账单余额为695276.48元。经逐笔核对，发现以下未达账项：

1.12月28日收到长江股份有限公司偿付货款的7850元转账支票一张，企业已将支票送存银行并入账，但银行因尚未办妥内部手续而未入账；

2.12月30日开出的支票8000元，持票人迄今未向银行要求兑现；

3.宏大公司委托银行代收的货款2000元，银行已收款入账，但企业因未收到银行的收款通知而未入账；

4.当期存款利息300元，银行已主动划入宏大公司账户，宏大公司应付结算手续费58元，银行已直接从公司账户中扣除；

5.12月31日，公司送存银行支票750元，银行尚未入账。

如果调节后的银行存款日记账余额与银行对账单余额相符，一般表明双方记账正确(但也不排除存在差错的可能性，如两个差错刚好互相抵消，对余额没有影响)。如果调节后的余额还是有差异，则在已调整了全部未达账项的情况下，表明记账有错误，应进一步查找并予以更正；否则，依然存在未调整的未达账项或记账错误。

(三) 银行存款余额调节后的账务处理

对造成银行存款日记账与银行对账单余额差异的各项因素，应根据具体情况进行不同的处理。

1. 记账错误的处理

企业通过编制银行存款余额调节表发现的银行记账错误，应及时通知银行，予以更正；对于发现的自身记账错误，应根据错误类型采用划线更正法、红字更正法或补充登记法及时编制调整分录并登记入账。

2. 未达账项的处理

按照国际惯例，对于银行已入账、企业未入账的未达账项，应编制调整分录并登记入账。如上例中的未达账项，企业应做如下会计分录：

借：银行存款 2300 元

贷：应收账款 2000 元

财务费用 300 元

借：财务费用 58 元

贷：银行存款 58 元

这种做法的主要理由是企业在月末不及时记录未达账项，可能会影响资产负债表对企业财务状况的恰当表达，使资产负债表上所表述的相关项目与银行存款余额将会同时不实。因此，企业应及时记录企业未记账的未达账项，以便公允地反映企业的财务状况。

我国现行会计实务对未达账项的处理与上述国际惯例完全不同。我国现行会计制度规定，对于未达账项不能以银行存款余额调节表作为原始凭证，据以调整银行存款账面记录。只有等到有关结算凭证到达企业时，才能据以进行相应的账务处理，且在下一月度应关注上月银行的未达账项是否及时入账。这一做法虽简化了会计核算，防止重复记账，但不利于财务状况的公允性表达。因此，参照国际惯例，我国会计实务对未达账项的处理可做如下适当调整：

（1）月末不做账务处理，但对其中重大未达账项应在报表附注中加以披露；

（2）月末先将企业未记录的未达账项登记入账，下月初再将其转回，等收到有关凭证后再做正常处理。

第四节 其他货币资金

在企业的经营资金中，有些货币资金的存放地点、用途与库存现金、银行存款不同，如外埠存款、银行汇票存款、银行本票存款等，需要设置"其他货币资金"账户以集中反映这些资金，以示它与现金、银行存款的区别。在"其他货币资金"账户之下，可分设外埠存款、银行汇票存款、银行本票存款、信用卡存款、信用证保证金存款、存出投资款等明细账户。现分述如下：

一、外埠存款

外埠存款是指企业到外地进行临时或零星采购时，汇往采购地银行开立采购专户的款项。企业将款项委托当地银行汇往采购地开立专户时，记入"其他货币资金"，收到采购员交来供应单位发票账单等报销凭证时，贷记本科目。将多余的外埠存款转回当地银行时，根据银行的收账通知，借记"银行存款"，贷记"其他货币资金"。

【例9】宏大公司委托其开户银行汇80000元给采购地银行开立专户，本月中旬收到销货方的专用发票，该批材料价税合计70200元，适用增值税税率17%，材料已入库。几天后收到银行的多余款收账通知，余款已汇往公司当地开户银行。应做如下账务处理：

开立采购专户：

借：其他货币资金——外埠存款80000元

贷：银行存款80000元

收到发票时：

借：原材料60000元

应交税金——应交增值税（进项税额）10200元

贷：其他货币资金——外埠存款70200元

收到银行的收账通知：

借：银行存款9800元

贷：其他货币资金——外埠存款9800元

二、银行汇票存款

银行汇票存款是指企业为取得银行汇票按规定存入银行的款项。企业在填送"银行汇票申请书"并将款项交存银行,取得银行汇票后,根据银行盖章退回的申请书存根联,借记本科目;企业使用银行汇票后,根据发票账单等有关凭证,贷记本科目;如有多余款或因汇票超过付款期等原因而退回款项,根据开户银行转来的银行汇票第四联(多余款收账通知)载明的金额,贷记本科目。

三、银行本票存款

银行本票存款是指企业为取得银行本票按规定存入银行的款项。企业向银行提交"银行本票申请书"并将款项交存银行,取得银行本票后,根据银行盖章退回的申请书存根联,借记本科目;企业使用银行本票后根据发票账单等有关凭证,贷记本科目;因本票超过付款期等原因而被要求退款时,应当填制一式两联的进账单,连同本票一并送交银行,根据银行盖章退回的进账单第一联,贷记本科目。

四、信用卡存款

信用卡存款是指企业为取得信用卡按照规定存入银行的款项。企业应按照规定填制申请表,连同支票和有关资料一并送交发卡银行,根据银行盖章退回的进账单第一联,借记本科目;企业使用信用卡购物或支付有关费用,贷记本科目;企业信用卡在使用过程中需要向其账户续存资金的,其处理同申请时的处理。

五、信用证保证金存款

信用证保证金存款是指企业为取得信用证按规定存入银行的保证金。企业向银行申请开立信用证,应按规定向银行提交开证申请书、信用证申请人承诺书和购销合同。企业向银行缴纳保证金,根据银行盖章退回的进账单第一联,借记本科目;根据开证行交来的信用证来单通知书及有关单据列明的金额贷记本科目。

【例10】企业要求银行对其境外供货单位开出信用证50000元，根据开户银行盖章退回的进账单第一联，进行如下账务处理：

借：其他货币资金——信用证保证金存款50000元

贷：银行存款50000元

企业收到开证行交来的信用证来单通知书及所附发票账单46800元，经核对无误后，需进行如下账务处理：

借：物资采购（或原材料）40000元

应交税金——应交增值税（进项税额）6800元

贷：其他货币资金信用证保证金存款46800元

企业未用完的信用证保证金余额3200元转回开户银行，其账务处理为：

借：银行存款3200元

贷：其他货币资金——信用证保证金存款3200元

六、存出投资款

存出投资款是指企业已存入证券公司但尚未进行短期投资的现金。企业向证券公司划出资金时，按实际划出的金额借记本科目；购买股票、债券时，按实际发生的金额，贷记本科目。

第三章 财务会计固定资产管理分析

第一节 固定资产概述

一、固定资产的概念及特征

固定资产是指使用期限较长、单位价值较高,并且在使用过程中保持原有实物形态的资产。固定资产具有以下一些基本特征:①预计使用年限超过一年或长于一年的一个经营周期,且在使用过程中保持物质形态不变;②用于生产经营活动而不是为了出售;③价值补偿与实物更新相分离。在固定资产的使用过程中,其价值通过折旧逐渐转移出去,但其物质实体却通常并不同时减损,只有在其不能或不宜继续使用时,才会对其进行更新处置。

《国际会计准则第 16 号——不动产、厂房和设备》对固定资产做出定义:固定资产指符合下列各项规定的有形资产:①企业所有的用于生产或供应产品和劳务的有形资产,包括为了出租给他人,或为了管理上使用的,还包括为了维修这些资产而持有的其他项目;②为可连续使用而购置或建造的;③不打算在正常营业过程中出售的。对符合上述标准的资产的租用权,在某些情况下也可以作为固定资产处理。

新修订的《国际会计准则第 16 号》对固定资产的定义是:固定资产,指具有下列特征的有形资产:①预计用于生产商品、提供劳务、出租或为了行政管理目的而拥有的;②预计使用期限超过一个会计年度。

我国的《企业会计准则——固定资产》对固定资产做出定义:固定资产是指同时具有以下特征的有形资产:①为生产商品、提供劳务、出租或经营管理而持有的;②使用年限超过一年;③单位价值较高。

企业中固定资产的判定标准通常有两项:①使用期限在一年以上;②单位价值在一定标准以上。我国企业会计制度规定:"固定资产是指使用期限超过一年的房屋、建筑物、机器、机械、运输工具以及其他与生产、经营有关的设备、器具、工具等。不属于生产、经营主要设备的物品，单位价值在 2000 元以上，并且使用期限超过 2 年的，也应当作为固定资产。企业应当根据企业会计制度及有关规定，结合本单位的具体情况，如经营规模、业务范围的不同，制定适合于本企业的固定资产目录、分类方法、每类或每项固定资产的折旧年限、折旧方法，作为进行固定资产核算的依据。企业制定的固定资产目录、分类方法、每类或每项固定资产的预计使用年限、预计净残值、折旧方法等，应当编制成册，并按照管理权限，经股东大会或董事会，或经理（厂长）会议或类似机构批准，按照法律、行政法规的规定报送有关各方备案，同时备置于企业所在地，以供投资者等有关各方查阅。

我国《企业会计准则——固定资产》规定：固定资产在同时满足以下两个条件时，才能加以确认：①该固定资产包含的经济利益很可能流入企业；②该固定资产的成本能够可靠地计量。企业在对固定资产进行确认时，应当按照固定资产的定义和确认条件，考虑企业的具体情形加以判断。企业的环保设备和安全设备等资产，虽然不能直接为企业带来经济利益，却有助于企业从相关资产获得经济利益，也应当确认为固定资产，但这类资产与相关资产的账面价值之和不能超过这两类资产可收回金额总额。固定资产的各组成部分，如果各自具有不同的使用寿命或者以不同的方式为企业提供经济利益，从而适用不同的折旧率或折旧方法的，应当单独确认为固定资产。

二、固定资产的分类

企业的固定资产种类繁多、用途各异，在经营活动中起着不同的作用。对固定资产进行合理的分类，有利于加强对固定资产的管理，并提高其使用效率；有利于正确核算固定资产的价值，合理计算折旧及相关费用。

(一) 按经济用途分类

生产经营用固定资产，指直接参与企业生产过程或直接为生产服务的固定资产，如机器、厂房、设备、工具、器具等。

非生产经营用固定资产，指不直接在生产中使用的固定资产，如食堂、宿舍、文教卫生等职工福利方面的建筑物、设备等。

按经济用途分类有利于反映和监督企业各类固定资产之间的组成和变

化情况，便于考核固定资产的利用现状，更合理地进行固定资产的配备，充分发挥其效用。

(二) 按所有权分类

自有固定资产：企业对该类固定资产享有占有权、处置权，可供长期使用，是企业全部资产的重要构成部分。

租入固定资产：企业通过支付租金取得使用权的固定资产，其租入方式又分为经营性租入和融资性租入两类。经营性租入的固定资产一般在备查簿中登记，而融资租入的固定资产应作为资产入账，在日常使用中为与自有资产相区别，需单独设立明细账进行核算。

(三) 按使用情况分类

(1) 使用中的固定资产，指处于使用过程中的经营性和非经营性固定资产，包括在使用或因季节性生产和修理等原因暂时停止使用的固定资产，以及供替换使用的机器设备等。

(2) 未使用固定资产，指尚未使用的新增固定资产，调入尚待安装的固定资产，进行改建、扩建的固定资产以及批准停止使用的固定资产。

(3) 不需用固定资产，指不适用于本企业，准备处理的固定资产。

(4) 租出固定资产，指企业以收取租金的方式租给外单位使用的固定资产。租出固定资产也属于使用中的固定资产。

(四) 按固定资产的经济用途和使用情况综合分类

(1) 生产经营用固定资产。

(2) 非生产经营用固定资产。

(3) 出租固定资产，指在经营性租赁方式下租给外单位使用的固定资产。

(4) 不需用固定资产。

(5) 未使用固定资产。

(6) 土地，是指过去已经估价单独入账的土地。因征地而支付的补偿费，应计入与土地有关的房屋、建筑物的价值内，不单独作为土地价值入账。企业取得的土地使用权不能作为固定资产管理。

(7) 融资租入固定资产，指企业以融资租赁方式租入的固定资产，在租赁期内，应视为自有固定资产进行管理。

不同企业应根据实际需要选择适合本单位的分类标准，对固定资产进行分类，制定固定资产目录。

三、固定资产的计价

(一) 固定资产的计价方法

固定资产的计价主要有以下三种方法：

1. 按原始价值计价

又称按历史成本计价，是指按购建某项固定资产达到可使用状态前所发生的一切合理必要的支出作为入账价值。由于这种计价方法有相应的凭证为依据，具有客观性和可验证性的特点，因此成为固定资产的基本计价标准。当然，这种方法具有不可避免的缺点，当会计环境尤其是通货膨胀率和资本成本率较大时，这种方法无法真实反映资产的价值。正因如此，有人主张以现时重置成本来代替历史成本作为固定资产的计价依据。但是，由于现时重置成本也是经常变化的，具体操作也相当复杂，因此，我国会计制度仍然采用历史成本来对固定资产进行计价。

2. 按重置价值计价

又称按重置完全价值计价，按现时重置成本计价，即按现有的生产能力、技术标准，重新购置同样的固定资产所需要付出的代价作为资产的入账价值。

3. 按折余价值计价

是指按固定资产原始价值或重置完全价值减去已计提折旧后的净额作为入账价值。它可以反映企业占用在固定资产上的资金数量和固定资产的新旧程度。

(二) 固定资产价值的构成

固定资产在取得时，应按取得时的成本入账。取得时的成本包括买价、进口关税、运输和保险等相关费用，以及为使固定资产达到预定可使用状态前所必要的支出。《国际会计准则第16号——不动产、厂房和设备》规定：固定资产项目的成本包括其买价、进口关税和不能返还的购货税款以及为使这项资产达到预定使用状态所需要支付的直接可归属成本。计算买价时，应扣除一切商业折扣和回扣。直接可归属成本的项目有以下各项：①场地整理费；②初始运输和装卸费；③安装费用；④专业人员（如建筑师、工程师）服务费；⑤估计资产拆卸搬移费及场地清理费，这些费用的确认应以《国际会计准则第37号——准备、或有负债和或有资产》所确认的准备为限。

固定资产取得时的成本应当根据具体情况分别确定：

（1）购入的不需要经过建造过程即可使用的固定资产，按实际支付的买价、包装费、运输费、安装成本、交纳的有关税金等，作为入账价值。从国外进口的固定资产，其原始成本还应包括按规定支付的关税等。

外商投资企业因采购国产设备而收到税务机关退还的增值税款，冲减固定资产的入账价值。

（2）自行建造的固定资产，按建造该项资产达到预定可使用状态前所发生的全部支出，作为入账价值。包括资本化的借款费用。

（3）投资者投入的固定资产，按投资各方确认的价值，作为入账价值。

（4）融资租入的固定资产，按租赁开始日租赁资产的原账面价值与最低租赁付款额的现值两者中较低者，作为入账价值。如果融资租赁资产占企业资产总额比例等于或小于30%的，在租赁开始日，企业也可按最低租赁付款额，作为固定资产的入账价值。最低租赁付款额，是指在租赁期内，承租人应支付或可能要求支付的各种款项（不包括或有租金和履约成本），加上由承租人或与其有关的第三方担保的资产余值；若预计承租人将会在租赁期满以某价格购买此固定资产，则还包括该买价。

（5）在原有固定资产的基础上进行改建、扩建的，按原固定资产的账面价值，加上由于改建、扩建而使该项资产达到预定可使用状态前发生的支出，减去改建、扩建过程中发生的变价收入，作为入账价值。

（6）企业接受的债务人以非现金资产抵偿债务方式取得的固定资产，或以应收债权换入固定资产的，按应收债权的账面价值加上应支付的相关税费，作为入账价值。涉及补价的，按以下规定确定受让的固定资产的入账价值：

①收到补价的，按应收债权的账面价值减去补价，加上应支付的相关税费，作为入账价值。

②支付补价的，按应收债权的账面价值加上支付的补价和应支付的相关税费，作为入账价值。

(7) 以非货币性交易换入的固定资产，按换出资产的账面价值加上应支付的相关税费，作为入账价值。涉及补价的，按以下规定确定换入固定资产的入账价值：

①收到补价的，按换出资产的账面价值加上应确认的收益和应支付的相关税费减去补价后的余额，作为入账价值；

应确认的收益 = 补价 ×(换出资产的公允价值－换出资产的账面价值)÷换出资产的公允价值

②支付补价的，按换出资产的账面价值加上应支付的相关税费和补价，作为入账价值。

(8) 接受捐赠的固定资产，应按以下规定确定其入账价值：

①捐赠方提供了有关凭据的，按凭据上标明的金额加上应支付的相关税费，作为入账价值。

②捐赠方没有提供有关凭据的，按如下顺序确定其入账价值：同类或类似固定资产存在活跃市场的，按同类或类似固定资产的市场价格估计的金额，加上应支付的相关税费，作为入账价值；同类或类似固定资产不存在活跃市场的，按该接受捐赠的固定资产的预计未来现金流量现值，作为入账价值。

③如受赠的系旧的固定资产，按照上述方法确定的价值，减去按该项资产的新旧程度估计的价值损耗后的余额，作为入账价值。

(9) 盘盈的固定资产，按同类或类似固定资产的市场价格，减去按该项资产的新旧程度估计的价值损耗后的余额，作为入账价值。

(10) 经批准无偿调入的固定资产，按调出单位的账面价值加上发生的运输费、安装费等相关费用，作为入账价值。

此外，还要注意以下 4 点：

(1) 固定资产的入账价值中，应当包括企业为取得固定资产而缴纳的契税、耕地占用税、车辆购置税等相关税费；

(2) 企业为购进固定资产所支付的增值税不能作为进项税额予以抵扣，应将所支付的增值税额计入所购进固定资产的成本；

(3) 企业购置计算机硬件所附带的、未单独计价的软件，与所购置的计算机硬件一并作为固定资产管理；

(4) 已达到预定可使用状态但尚未办理竣工决算手续的固定资产，可先按估计价值记账，待确定实际价值后，再进行调整。

(三) 有关固定资产计价的两个问题

1. 关于固定资产借款费用的处理

专为购建固定资产而借入的款项所发生的借款费用（包括利息、折价或溢价的摊销和辅助费用以及因外币借款而发生的汇兑差额）是否应计入固定资产成本，是固定资产计价的重要问题。《企业会计准则——借款费用》做了如下规定：

(1) 以下三个条件同时具备时，因专门借款而发生的利息折价或溢价的摊销和汇兑差额应当开始资本化：①资本支出已经发生；②借款费用已经发生；③为使资产达到预定可使用状态所必要的构建活动已经开始。

资本支出只包括购建固定资产而以支付现金、转移非现金资产或者承担带息债务形式发生的支出。

(2) 如果固定资产的购建活动发生正常中断，并且中断时间连续超过3个月，应当暂停借款费用的资本化，将其确认为当期费用，直至资产的购建活动重新开始。但如果中断是使购建的固定资产达到预定可使用状态所必要的程序，则借款费用的资本化应当继续进行。

(3) 当所购建固定资产达到预定可使用状态时，应当停止其借款费用的资本化；以后发生的借款费用应当于发生当期确认费用。

2. 关于固定资产价值的调整

固定资产的价值确定并入账以后，一般不得进行调整，但是在一些特殊情况下对已入账的固定资产的价值也可进行调整。这些情况包括：

(1) 根据国家规定对固定资产价值重新估价；

(2) 增加补充设备或改良装置；

(3) 将固定资产的一部分拆除；

(4) 根据实际价值调整原来的暂估价值；

(5) 发现原记固定资产价值有错误。

第二节　固定资产的取得

企业拥有固定资产规模的大小和质量高低，直接影响其生产能力及盈利能力。固定资产所占用的资金在企业总资金中占有的比例较大，且周转期长，合理有效地控制固定资产占用的资金对整个企业资金的周转、使用具有重要意义。企业对固定资产的需求量，取决于现有的生产规模、生产能力、企业产品在市场上的竞争能力和现代化程度等因素，特别是直接参与生产的机器设备，更应随生产任务、使用效率等的变化而做出相应的调整。所以，企业是否要新增固定资产，采用何种方式增加，应权衡投资效益再做选择，以确保固定资产发挥最佳效用。企业一旦决定增加固定资产投资，就面临选择何种投资方法的问题。

固定资产增加的方式多种多样，主要有购入、自建自制、接受投资、无偿调入、接受捐赠、融资租入、接受抵债、非货币性交易换入、盘盈、改建扩建等方式。

为核算企业的固定资产，设置"固定资产"账户，该账户反映企业固定资产的原价。其借方发生额，反映企业增加的固定资产的原价；其贷方发生额，反映企业减少的固定资产的原价；期末借方余额，反映企业期末固定资产的账面原价。企业应当设置"固定资产登记簿"和"固定资产卡片"，按固定资产类别、使用部门和每项固定资产进行明细核算。临时租入的固定资产，应当另设备查簿进行登记，不在本科目核算。

一、购入固定资产

购入不需要安装的固定资产，借记"固定资产"，按实际支付（含应支付，下同）的价款，贷记"银行存款"等；购入需要安装的固定资产，先记入"在建工程"，安装完毕交付使用时再转入"固定资产"科目。

二、投资者投入固定资产

企业对接受投资者作价投入的固定资产，按投资各方确认的价值，借记"固定资产"科目；按投资方拥有被投资方的股权，贷记"实收资本"科目；按其差额，贷记"资本公积"科目。

三、无偿调入固定资产

企业按照有关规定并报经有关部门批准无偿调入的固定资产，按调出单位的账面价值加上新的安装成本、包装费、运杂费等，作为调入固定资产的入账价值。企业调入需要安装的固定资产，按调入固定资产的原账面价值以及发生的包装费、运杂费等，借记"在建工程"等科目；按调入固定资产的原账面价值，贷记"资本公积——无偿调入固定资产"科目；按所发生的支出，贷记"银行存款"等科目；发生的安装费用，借记"在建工程"等科目，贷记"银行存款""应付工资"等科目。工程达到可使用状态时，按工程的实际成本，借记"固定资产"科目，贷记"在建工程"科目。

四、接受捐赠固定资产

接受捐赠的固定资产，按确定的入账价值，借记"固定资产"科目；按未来应交的所得税，贷记"递延税款"科目；按确定的入账价值减去未来应交所得税后的余额，贷记"资本公积"科目；按应支付的相关税费，贷记"银行存款"等科目。

外商投资企业接受捐赠的固定资产，按确定的入账价值，借记"固定资产"科目；按应计入待转资产价值的金额，贷记"待转资产价值"科目；按应支付的相关税费，贷记"银行存款"等科目。

五、租入固定资产

企业在生产经营过程中，由于生产经营的临时性或季节性需要，或出于融资等方面的考虑，对于生产经营所需的固定资产可以采用租赁的方式取得。租赁按其性质和形式的不同可分为经营租赁和融资租赁两种。融资租赁，是指实质上转移与资产所有权有关的全部风险和报酬的租赁。经营租赁，是指融资租赁以外的租赁。

（一）以经营租赁方式租入

采用经营租赁方式租入的资产，主要是为了解决生产经营的季节性、临时性的问题，并不是长期拥有，租赁期限相对较短；资产的所有权与租赁资产相关的风险和报酬仍归属于出租方，企业只是在租赁期内拥有资产的使用权；租赁期满，企业将资产退还给出租方。

企业对以经营租赁方式租入的固定资产，不作为本企业的资产入账，当然也无须计提折旧。

（二）融资租入

融资租入的固定资产，应当单设明细科目进行核算。企业应在租赁开始日，按租赁开始日租赁资产的原账面价值与最低租赁付款额的现值两者中较低者作为入账价值，借记"固定资产"科目；按最低租赁付款额，贷记"长期应付款——应付融资租赁款"科目；按其差额，借记"未确认融资费用"科目。租赁期满，如合同规定将设备所有权转归承租企业，应进行转账，将固定资产从"融资租入固定资产"明细科目转入有关明细科目。

六、接受抵债固定资产

企业接受的债务人以非现金资产抵偿债务方式取得的固定资产，或以应收债权换入固定资产的，按应收债权的账面余额，贷记"应收账款"等科目，按该项应收债权已计提的坏账准备，借记"坏账准备"科目，按应支付的相关税费，贷记"银行存款""应交税金"等科目，按下式计算的固定资产入账价值，借记"固定资产"科目：

收到补价的，固定资产入账价值＝应收债权的账面价值＋应支付的相关税费—补价支付补价的，固定资产入账价值＝应收债权的账面价值＋应支付的相关税费＋补价按收到（或支付）的补价，借记（或贷记）"银行存款"等科目。

第三节 固定资产的自建与自制

自建、自制固定资产，是指企业自己建造房屋、其他建筑物及各种机器设备等。当企业有能力建造，或者当某项资产的建造成本明显低于其外购成本时，企业往往会选择自己施工筹建的方式取得该资产，以减少相应的费用开支，如自行建造房屋、自制特殊需要的车床等。自行建造固定资产按是否由本企业组织施工人员施工，分为自营工程和出包工程；前者由本企业组织施工人员进行施工，而后者则是将工程项目发包给建造商，由建造商组织施工。

一、自营工程

（一）自行建造固定资产入账价值的确定

企业自行建造的固定资产（亦称在建工程），应按建造过程中所发生的全部支出确定其价值，包括所消耗的材料、人工、其他费用和缴纳的有关税金等，作为入账价值。设备安装工程，应把设备的价值包括在内。

工程达到预定可使用状态前因进行试运转所发生的净支出，计入工程成本。企业的在建工程项目在达到预定可使用状态前所取得的试运转过程中形成的能够对外销售的产品，其发生的成本，计入在建工程成本，销售或转为库存商品时，按实际销售收入或按预计售价冲减工程成本。

盘盈、盘亏、报废、毁损的工程物资，减去保险公司过失人赔偿部分后的差额，工程项目尚未完工的，计入或冲减所建工程项目的成本；工程已经完工的，计入当期营业外收支。在建工程发生单项或单位工程报废或毁损，减去残料价值和过失人或保险公司等赔款后的净损失，计入继续施工的工程成本；如为非常原因造成的报废或毁损，或在建工程项目全部报废或毁损，应将净损失直接计入当期营业外支出。

企业应当定期或者至少于每年年度终了时，对在建工程进行全面检查，如果有证据表明在建工程已经发生了减值，应当计提减值准备。存在下列一项或若干项情况的，应当计提在建工程减值准备：①长期停建并且预计在未来3年内不会重新开工的在建工程;②所建项目无论在性能上,还是在技术上已经落后,并且给企业带来的经济利益具有很大的不确定性;③其他足以证明在建工程已经发生减值的情形。

所建造的固定资产已达到预定可使用状态,但尚未办理竣工决算的,应当自达到预定可使用状态之日起,根据工程预算造价或者工程实际成本等,按估计的价值转入固定资产,并按本制度关于计提固定资产折旧的规定,计提固定资产的折旧。待办理了竣工决算手续后再做调整。

(二) 会计处理

为了对企业自行建造固定资产进行全面准确的核算,设置"工程物资""在建工程""在建工程减值准备"账户。

1. 工程物资

企业为在建工程准备的各种物资,应当按照实际支付的买价、增值税额、运输费、保险费等相关费用,作为实际成本,并按照各种专项物资的种类进行明细核算。企业的工程物资,包括为工程准备的材料、尚未交付安装的需要安装设备的实际成本,以及预付大型设备款和基本建设期间根据项目概算购入为生产准备的工具及器具等的实际成本。企业购入不需要安装的设备,应当在"固定资产"科目核算,不在本科目核算。

本科目应当设置以下明细科目:①专用材料;②专用设备;③预付大型设备款;④为生产准备的工具及器具。

企业购入为工程准备的物资,应按实际成本和专用发票上注明的增值税额,借记本科目(专用材料、专用设备),贷记"银行存款""应付账款""应付票据"等。企业为购置大型设备而预付款时,借记本科目(预付大型设备款),贷记"银行存款":收到设备并补付设备价款时,按设备的实际成本,借记本科目(专用设备),按预付的价款,贷记本科目(预付大型设备款),按补付的价款,贷记"银行存款"等。工程领用工程物资,借记"在建工程",贷记本科目(专用材料等);工程完工后对领出的剩余工程物资应当办理退库手续,并做相反的账务处理。工程完工,将为生产准备的工具及器具交付生产使用时,应按实际成本,借记"低值易耗品",贷记本科目(为生产准备的工具及器具)。工程完工后剩余的工程物资,如转作本企业存货的,按原材料的实际成本或计划成本，借记"原材料"，按可抵扣的增值税进项税额，借记"应交税金——应交增值税（进项税额）"，按转入存货的剩余工程物资的账面余额，贷记本科目；如工程完工后剩余的工程物资对外出售的，应先结转工程物资的进项税额，借记"应交税金——应交增值税（进项税额）"，贷记本科目，出售时，应确认收入并结转相应的成本。

2. 在建工程

本科目核算企业进行基建工程、安装工程、技术改造工程、大修理工程等发生的实际支出，包括需要安装设备的价值。企业根据项目概算购入不需要安装的固定资产、为生产准备的工具器具、购入的无形资产及发生的不属于工程支出的其他费用等，不在本科目核算。本科目的期末借方余额，反映企业尚未完工的基建工程发生的各项实际支出。

本科目应当设置以下明细科目：①建筑工程；②安装工程；③在安装设备；④技术改造工程；⑤大修理工程；⑥其他支出。

企业自营的基建工程，领用工程用材料物资时，应按实际成本，借记本科目（建筑工程、安装工程等——××工程），贷记"工程物资"；基建工程领用本企业原材料的，应按原材料的实际成本加上不能抵扣的增值税进项税额，借记本科目（建筑工程、安装工程等——××工程），按原材料的实际成本或计划成本，贷记"原材料"，按不能抵扣的增值税进项税额，贷记"应交税金——应交增值税（进项税额转出）"。采用计划成本进行材料日常核算的企业，还应当分摊材料成本差异。基建工程领用本企业的商品产品时，按商品产品的实际成本（或进价）或计划成本（或售价）加上应交的相关税费，借记本科目（建筑工程、安装工程——××工程），按应交的相关税费，贷记"应交税金——应交增值税（销项税额）"等，按库存商品的实际成本（或进价）或计划成本（或售价），贷记"库存商品"。库存商品采用计划成本或售价的企业，还应当分摊成本差异或商品进销差价。基建工程应负担的职工工资，借记本科目（建筑工程、安装工程——××工程），贷记"应付工资"。企业的辅助生产部门为工程提供的水、电、设备安装、修理、运输等劳务，应按月根据实际成本，借记本科目（建筑工程、安装工程等——××工程），贷记"生产成本——辅助生产成本"等。

基建工程发生的工程管理费、征地费、可行性研究费、临时设施费、公证费、监理费等，借记本科目(其他支出)，贷记"银行存款"等；基建工程应负担的税金，借记本科目(其他支出)，贷记"银行存款"等。

由于自然灾害等原因造成的单项工程或单位工程报废或毁损，减去残料价值和过失人或保险公司等赔款后的净损失，报经批准后计入继续施工的工程成本，借记本科目(其他支出)科目，贷记本科目(建筑工程、安装工程等——××工程)；如为非正常原因造成的报废或毁损，或在建工程项目全部报废或毁损，应将其净损失直接计入当期营业外支出。工程物资在建设期间发生的盘亏、报废及毁损，其处置损失，报经批准后，借记本科目，贷记"工程物资"；盘盈的工程物资或处置收益，做相反的账务处理。

基建工程达到预定可使用状态前进行负荷联合试车发生的费用，借记本科目(其他支出)，贷记"银行存款""库存商品"等；获得的试车收入或按预计售价将能对外销售的产品转为库存商品的，做相反账务处理。

基建工程完工后应当进行清理，已领出的剩余材料应当办理退库手续，借记"工程物资"，贷记本科目。

基建工程完工交付使用时，企业应当计算各项交付使用固定资产的成本，编制交付使用固定资产明细表。

企业应当设置"在建工程其他支出备查簿"，专门登记基建项目发生的构成项目概算内容但不通过"在建工程"科目核算的其他支出，包括按照建设项目概算内容购置的不需要安装设备、现成房屋、无形资产以及发生的递延费用等。企业在发生上述支出时，应当通过"固定资产""无形资产"和"长期待摊费用"科目核算。但同时应在"在建工程——其他支出备查簿"中进行登记。

3. 在建工程减值准备

为核算企业的在建工程减值准备，设置"在建工程减值准备"科目。企业发生在建工程减值时，借记"营业外支出——计提的在建工程减值准备"，贷记本科目；如已计提减值准备的在建工程价值又得以恢复，应在原计提减值准备的范围内转回，借记本科目，贷记"营业外支出——计提的在建工程减值准备"。本科目期末贷方余额，反映企业已提取的在建工程减值准备。

二、出包工程

企业采用出包方式进行的自制、自建固定资产工程,"在建工程"账户实际上成为企业与承包单位的结算账户,企业将与承包单位结算的工程价款作为工程成本,通过"在建工程"账户进行核算。

企业发包的基建工程,应于按合同规定向承包企业预付工程款、备料款时,按实际支付的价款,借记"在建工程"科目(建筑工程、安装工程等——××工程),贷记"银行存款"科目;以拨付给承包企业的材料抵作预付备料款的,应按工程物资的实际成本,借记"在建工程"科目(建筑工程、安装工程等——××工程),贷记"工程物资"科目;将需要安装设备交付承包企业进行安装时,应按设备的成本,借记"在建工程"科目(在安装设备),贷记"工程物资"科目;与承包企业办理工程价款结算时,补付的工程款,借记"在建工程"科目(建筑工程、安装工程等——××工程),贷记"银行存款"等科目。

第四节 固定资产的折旧

固定资产折旧,是指固定资产在使用过程中,逐渐损耗而消失的那部分价值。固定资产损耗的这部分价值,应当在固定资产的有效使用年限内进行分摊,形成折旧费用,计入各期成本。

一、折旧的性质及计提范围

(一)折旧的性质

固定资产在长期使用过程中,实物形态保持不变,但因使用、磨损及陈旧等原因会发生各种有形和无形的损耗。有形损耗对于使用中的固定资产而言,产生于物质磨损;不使用的固定资产也可能发生损耗,如自然气候条件的侵蚀及意外毁损造成的损耗。无形损耗是由技术进步、市场变化、企业规模改变等原因引起的。有的资产因陈旧、不适应大规模生产发展的需要,而导致在其耐用年限届满前退废。

固定资产的服务能力随着时间的推移逐步消逝，其价值也随之发生损耗，企业应采用系统合理的方法，将其损耗分摊到各经营期，记作每期的费用，并与当期营业收入相配比。固定资产的成本随着逐期分摊，转移到它所生产的产品或提供的劳务中去，这个过程即为计提折旧，每期分摊的成本称为折旧费用。

企业应当根据固定资产的性质和消耗方式，合理地确定固定资产的预计使用年限和预计净残值，并根据科技发展、环境及其他因素，选择合理的固定资产折旧方法，按照管理权限，经股东大会或董事会，或经理(厂长)会议、或类似机构批准，作为计提折旧的依据。按照法律、行政法规的规定报送有关各方备案，并备置于企业所在地，以供投资者等有关各方查阅。企业已经确定并报送，或备置于企业所在地的有关固定资产预计使用年限和预计净残值、折旧方法等，一经确定不得随意变更；如需变更，仍然应当按照上述程序，经批准后报送有关各方备案，并在会计报表附注中予以说明。

《国际会计准则第16号——不动产、厂房和设备》规定：固定资产项目的应折旧金额应当在其使用寿命内系统地摊销，所使用的折旧方法应能反映企业消耗该资产所含经济利益的方式。每期的折旧额应确认为费用，除非将其计入另一项资产的账面金额。

我国《企业会计准则——固定资产》规定：折旧是指在固定资产的使用寿命内，按照确定的方法对应计折旧额进行的系统分摊。其中，应计折旧额，是指应当计提折旧的固定资产的原价扣除其预计净残值后的余额；如果已对固定资产计提减值准备，还应当扣除已计提的固定资产减值准备累计金额。使用寿命，是指固定资产预期使用的期限。有些固定资产的使用寿命也可以用该资产所能生产的产品或提供的服务的数量来表示。

(二) 折旧的范围

固定资产因在使用过程中会发生实物磨损，所以使用中的固定资产(如机器设备)均需计提折旧；考虑无形损耗的原因，对一些未使用、不需用的固定资产，仍应计提折旧，房屋和建筑物不管是否使用均计提折旧；以融资租赁方式租入的固定资产，应当比照自有固定资产进行会计处理，故亦要计提折旧。

具体来讲，企业的下列固定资产应当计提折旧：

(1) 房屋和建筑物；

(2) 在用的机器设备、仪器仪表、运输工具、工具器具；

(3) 季节性停用、大修理停用的固定资产；

(4) 融资租入和以经营租赁方式租出的固定资产。

下列固定资产不计提折旧：

(1) 房屋、建筑物以外的未使用、不需用的固定资产；

(2) 以经营租赁方式租入的固定资产；

(3) 已提足折旧继续使用的固定资产；

(4) 按规定单独估价作为固定资产入账的土地。

已达到预定可使用状态的固定资产，如果尚未办理竣工决算的，应按估计价值暂估入账，并计提折旧；待办理了竣工决算手续后，再按照实际成本调整原来的暂估价值，同时调整原已计提的折旧额。

已提足折旧的固定资产，如仍可继续使用，不再计提折旧；提前报废的固定资产，未提足的折旧不再补提折旧。所谓提足折旧，是指已经提足该项固定资产应提的折旧总额。应提的折旧总额为固定资产原价减去预计残值加上预计清理费用。

我国《企业会计准则——固定资产》规定：除以下两种情况外，企业应对所有固定资产计提折旧：①已提足折旧仍继续使用的固定资产；②按规定单独估价作为固定资产入账的土地。

二、影响折旧的因素

固定资产折旧的计算，涉及固定资产原值、预计净残值、估计使用年限和折旧方法4个要素。

1. 固定资产原值

是固定资产取得时的实际成本，其价值的确定在第二节中已述。

2. 预计净残值

指固定资产在报废时，预计残料变价收入扣除清算时清算费用后的净值，也称预计净残值。实物中常用固定资产原值的一定百分比估算。在计算折旧时,把固定资产原值减去估计残值后的余额称为折旧基数或折旧总额。

3. 估计使用年限

在估计时应同时考虑有形损耗和无形损耗,即实物的使用寿命和与经济效用等有关的技术寿命。在科学技术飞速发展的今天,技术密集型企业应更多地考虑无形损耗,合理估计使用年限。

《国际会计准则第16号——不动产、厂房和设备》规定:固定资产项目的使用寿命应定期地进行复核,如果预期数与原先的估计数相差很大,则应对本期和将来各期的折旧金额进行调整。

我国《企业会计准则——固定资产》规定:企业在确定固定资产的使用寿命时,主要应当考虑下列因素:①该资产的预计生产能力或实物产量;②该资产的有形损耗,如设备使用中发生磨损、房屋建筑物受到自然侵蚀等;③该资产的无形损耗,如因新技术的出现而使现有的资产技术水平相对陈旧、市场需求变化使产品过时等;④有关资产使用的法律或者类似的限制。

我国《企业会计准则——固定资产》规定:企业应当根据固定资产的性质和使用情况,合理确定固定资产的使用寿命和预计净残值。除下述定期复核引起使用寿命改变外,固定资产的使用寿命、预计净残值一经选定,不得随意调整。企业应当定期对固定资产的使用寿命进行复核。如果固定资产使用寿命的预期数与原先的估计数有重大差异,则应当相应调整固定资产折旧年限。

4. 折旧方法

不同经营规模、不同性质的企业可根据各自的特点选择相应的折旧方法,比较合理地分摊固定资产的应计折旧总额,反映本单位固定资产的实际使用现状。企业一旦选定了某种折旧方法,应该在相当一段时间内保持不变,除非折旧方法的改变能够提供更可靠的会计信息。在特定会计期,折旧方法的变更应在报表附注中加以说明。

《国际会计准则第16号——不动产、厂房和设备》规定:应用于固定资产的折旧方法,应该定期地加以复核。如果资产经济利益的预期实现方式有重大改变,折旧方法也应相应地改变以反映这种方式的改变。如果这种折旧方法的改变是必要的,这种改变应作为会计估计变更进行会计处理,本期和未来期间的折旧金额应加以调整。

我国《企业会计准则——固定资产》规定：企业应当根据固定资产所含经济利益预期实现方式选择折旧方法，可选用的折旧方法包括年限平均法、工作量法、双倍余额递减法或者年数总和法。除下述定期复核引起折旧方法改变外，折旧方法一经选定，不得随意调整。企业应当定期对固定资产的折旧方法进行复核。如果固定资产包含的经济利益的预期实现方式有重大改变，则应当相应改变固定资产折旧方法。

计算折旧的四大要素中，除原始成本比较容易确定外，残值和使用年限为估计数，又因为受到折旧方法选择的影响，其计算结果难免不够精确。

三、折旧方法

固定资产的折旧方法有很多种，如直线法、加速折旧法等，我国会计制度规定，企业可以采用直线法计提折旧，在经有关部门批准的前提下，也可以采用加速折旧法。

(一) 直线法

直线法，具体又分为年限平均法和工作量法两种。

1. 年限平均法

年限平均法是各种折旧方法中最简单的一种。固定资产折旧总额在使用年限内平均分摊，每期的折旧额相等。

计算公式表示如下：

年折旧额 =（固定资产原值－预计净残值）÷估计使用年限

年折旧率 =（1－预计净残值率）÷估计使用年限

其中，预计净残值率 = 预计净残值÷固定资产原值

月折旧率 = 年折旧率 ÷12

月折旧额 = 固定资产原值 × 月折旧率

我国固定资产折旧一般采用年限平均法，这种方法最大的优点是计算简便。但是，它只考虑固定资产的估计使用时间，而忽略了实际使用的现状。固定资产使用早期，其工作效率相对较高，发生的维修保养费少；后期固定资产工作效率相对较低，发生的维修保养费逐步增加。在整个使用期

内，各期费用总额分布均匀，呈递增趋势，而固定资产工作效率呈递减趋势。在其他因素不变的情况下，利润逐年递减。采用年限平均法，不能反映资产的实际使用情况，从而影响决策者对财务信息的分析判断。

2. 工作量法

工作量法是将固定资产的总折旧额按其估计工作总量（如总生产量、总工作小时等）平均分摊，以求得单位工作量应负担折旧额。

采用年限平均法尽管在实际操作中比较简单，但由于无形损耗的存在，固定资产可能在估计使用年限届满前甚至早期即遭淘汰，导致大部分成本无法通过折旧收回，企业将面临一定的损失。

（二）加速折旧法

加速折旧法是在固定资产使用早期多提折旧，在使用后期少提折旧的一种方法。这种处理的理论依据是，固定资产在使用早期，提供的服务多，为企业创造的效益高；后期随着实物磨损程度加剧，提供的服务量减少，而修理费用增加。如果在资产使用过程中折旧的计提逐年递减，可使固定资产在各年承担的总费用接近，利润平稳。这也弥补了年限平均法的局限。在加速折旧法下，由于早期计提了较多的折旧，即使固定资产提前报废，其成本于前期基本已收回，也不会造成过多损失。加速折旧法主要有双倍余额递减法和年数总和法两种。下面分述之。

1. 双倍余额递减法

这一方法下，固定资产的折旧率为年限平均法折旧率的 2 倍，账面价值同样随着每期计提的折旧而减少。每期应计提的折旧计算为

年折旧额 = 递减的账面价值 × 年折旧率

折旧年限中，第一年的账面价值为固定资产的原始成本（不减估计残值）。

值得注意的是，在固定资产使用的后期，如果期末账面价值扣除预计净残值后的余额，采用直线法在剩余年限内的计提的折旧额，比继续使用双倍余额递减法计提的折旧额大，从该会计期间开始必须改用直线法。

2. 年数总和法

也称年限积数法，是将固定资产应计提的折旧总额按递减的折旧率计

算每期的折旧额。

用公式可表示为

年折旧额 =（固定资产原值－估计残值）× 递减的折旧率

折旧率为分数，分母是根据固定资产估计使用年限计算的积数，分子是固定资产尚可使用的年数，即从使用年限起依次递减的自然数。用公式表示为

年折旧率 = 尚可使用年数；预计使用年限的年数总和 =（预计使用年限－已使用年限）－［预计使用年限 ×（预计使用年限 +1）］

企业一般是按月提取折旧。当月增加的固定资产，当月不提折旧；从下月起计提折旧；当月减少的固定资产，当月照提折旧，从下月起不提折旧。实际中常用的计算公式是

固定资产月折旧额 = 上月计提的固定资产折旧额 + 上月增加固定资产应计提折旧额－上月减少固定资产应计提折旧额

为核算企业固定资产的累计折旧，设置"累计折旧"账户。本科目期末贷方余额，反映企业提取的固定资产折旧累计数。企业按月计提的固定资产折旧，借记"制造费用""营业费用""管理费用""其他业务支出"等科目，贷记"累计折旧"科目。

借：制造费用（生产用固定资产计提的折旧）

营业费用（销售等用固定资产计提的折旧）

管理费用（管理部门用固定资产计提的折旧）

其他业务支出（出租等用固定资产计提的折旧）

应付福利费（福利部门用固定资产计提的折旧）

外商投资企业采购的国产设备退还的增值税款，在设备达到预定可使用状态前收到的、冲减设备的成本，借记"银行存款"科目，贷记"在建工程"等科目；如果采购的国产设备已达到预定可使用状态，应调整设备的账面原价和已提的折旧，借记"银行存款"科目，贷记"固定资产"科目；同时，冲减多提的折旧，借记"累计折旧"科目，贷记"制造费用""管理费用"等科目。如果采购的国产设备已达到预定可使用状态，但税务机关跨年度退还增值税，则应相应调整设备的账面原价和已提的折旧，借记"银行存款"科目，贷记"固定资产"科目；同时，冲减多提的折旧，借记"累计折旧"

科目，贷记"以前年度损益调整"科目。

第五节　固定资产使用中的支出

固定资产在使用过程中会发生各种支出，如为了恢复、改进固定资产的性能发生的维修费、保养费支出，固定资产因改建、扩建、增建等增加的支出，为了发挥固定资产潜力增加的支出等。这些开支发生时，关键要区分支出的性质，即资本性支出还是收益性支出，进而做出不同的账务处理。

一、影响固定资产数量方面的支出

固定资产因数量增加发生的支出，主要是用于增加企业固定资产实体及在原有基础上的扩建，如房屋加层、增设电子监控设备等。对新增的资产，因其受益期一般与估计使用年限相近，但至少在一年，所以要把有关支出资本化。购建新固定资产时。把全部支出列为固定资产的成本，账务处理参照第二节有关内容。扩建时，把所付出的代价全部计入原资产的成本，在扩建过程中如涉及拆除一部分旧设施，在会计处理上通常不减去拆除旧资产的成本，扩建成本先在"在建工程"账户中归集，完工后一次转入原"固定资产"账户。

二、影响固定资产质量方面的支出

（一）换新

固定资产换新指调换原资产上陈旧或受损的项目，以恢复其应有的性能和生产能力，包括整个资产项目的换新和非经常性的大部件换新。换新后的资产并不提高质量或功能。由于换新项目大小不等，发生的费用在处理上也应有所区别。大型项目，非经常性大部件的更换，作为资本性支出处理，中、小项目的换新，可视为经常性修理，作为收益性支出处理。

(二) 维修保养

为了使固定资产保持良好的使用状态，应进行日常的维护保养，如更换螺丝、弹簧，定期添加润滑剂等，这种支出费用较低，发生比较频繁，一般视为收益性支出，记为当期费用。

固定资产随着不断使用，实物磨损加剧，往往会发生局部的损坏，影响其使用效率。为恢复原有的性能，必须对固定资产定期或不定期地加以修理，使之处于正常运转状态。固定资产的修理，按范围的大小和间隔时间的长短可分为大修理和中小修理两种。

大修理，是对固定资产进行局部更新，通常修理的范围大、间隔时间长、修理次数少、一次修理所花的费用较大。由于大修理费用发生不均匀，企业可采用预提或待摊的方法均衡成本。

中小修理，又称经常性修理，是为了维护和保持固定资产正常工作状态进行的修理工作，如更换零部件、排除故障等。其特点是修理范围小、间隔时间短、修理次数多、每次的修理费用少。一般将经常性修理作为收益性支出处理，在支出发生时计入当期费用。即按实际发生数额借记有关成本费用账户，贷记"银行存款"等科目。为了平衡各会计期间的费用，或当中小修理费用较大时，也可采用摊销的方法。

值得注意的是，在实际操作上，中小修理、维护保养、换新等很难严格区分，企业应根据规模大小、资产的重要程度等实际情况区别对待。

(三) 改良和改善

改良和改善支出主要用于改进固定资产的质量和功能。改良支出较大，能使固定资产的质量或功能有显著的提高，如安装中央空调以取代原有的取暖设施。固定资产改良工程上的所有支出均应作为资本性支出处理，计入资产的成本。在工程进程中，如有被替换的旧资产，则旧资产的成本应从原资产账户中转出。

固定资产改善一般支出较小、质量改进不显著，如一般照明设备的改进。凡属于这种支出的应视为收益性支出，计入本期损益。

我国《企业会计准则——固定资产》规定：与固定资产有关的后续支出，

如果使可能流入企业的经济利益超过了原先的估计，如延长了固定资产的使用寿命，或者使产品质量实质性提高，或者使产品成本实质性降低，则应当计入固定资产账面价值，其增计金额不应超过该固定资产的可收回金额；否则，应当确认为费用。

第六节　固定资产减值

固定资产发生损坏、技术陈旧或由于其他经济原因，导致其可收回金额低于其账面净值，这种情况称之为固定资产减值。

企业应当在期末或者至少在每年年度终了时，对固定资产逐项进行检查，如果由于市价持续下跌，或技术陈旧、损坏、长期闲置等导致其可收回金额低于账面价值的，应当将可收回金额低于其账面价值的差额作为固定资产减值准备。

固定资产减值准备应按单项资产计提。在资产负债表中，固定资产减值准备应当作为固定资产净值的减项反映。

如果企业的固定资产实质上已经发生了减值，应当计提减值准备。当固定资产存在下列情况之一时，应当按照该项固定资产的账面价值全额计提固定资产减值准备：

（1）长期闲置不用，在可预见的未来不会再使用，且已无转让价值；

（2）由于技术进步等原因，已不可使用；

（3）虽然固定资产尚可使用，但使用后产生大量不合格品；

（4）已遭毁损，以至于不再具有使用价值和转让价值；

（5）其他实质上已经不能再给企业带来经济利益的情况。

已全额计提减值准备的固定资产，不再计提折旧。

《国际会计准则第36号——资产减值》规定：在每一个资产负债表日，企业应评估是否存在资产可能已经减值的迹象。如果存在这种迹象，企业应估计资产的可收回金额。在估计资产是否存在减值的迹象时，企业至少应考虑下述迹象：

外部信息来源：

(1) 资产的市价在当期大幅下跌,其跌幅大大高于因时间推移或正常使用而预计的下跌;

(2) 技术、市场、经济或法律等企业经营环境,或是资产的营销市场,在当期发生或在近期将发生重大变化,对企业产生负面影响;

(3) 市场利率或市场的其他投资回报率在当期已经提高,从而很可能影响企业计算资产使用价值时采用的折现率,并大幅降低资产的可收回金额;

(4) 报告企业的净资产账面金额大于其市场资本化金额。

内部信息来源:

(1) 有证据表明资产已经陈旧过时或实体损坏;

(2) 资产的使用或预计使用方式、使用程度已在当期发生或在近期将发生重大变化,对企业产生负面影响。这些变化包括计划终止或重组该资产所属的经营业务,或计划在以前的预定日期之前处置该资产;

(3) 内部报告提供的证据表明,资产的经济绩效已经或将要比预期的差。

当资产的可收回金额小于其账面价值时,资产的账面价值应减记至可收回金额,减记的价值即为资产减值损失。

我国《企业会计准则——固定资产》规定:固定资产的减值是指,固定资产的可收回金额低于其账面价值。可收回金额,是指资产的销售净价与预期从该资产的持续使用和使用寿命结束时的处置中形成的现金流量的现值两者之中的较高者。其中销售净价是指,资产的销售价格减去处置资产所发生的相关税费后的余额。企业应当于期末对固定资产进行检查,如发现存在下列情况,应当计算固定资产的可收回金额,以确定资产是否已经发生减值:①固定资产市价大幅下跌,其跌幅大大高于因时间推移或正常使用而预计的下跌,并且预计在近期内不可能恢复;②企业所处经营环境,如技术、市场、经济或法律环境,或者产品营销市场在当期发生或在近期将发生重大变化,并对企业产生负面影响;③同期市场利率等大幅提高,进而很可能影响企业计算固定资产可收回金额的折现率,并导致固定资产可收回金额大幅降低;④固定资产陈旧过时或发生实体损坏等;⑤固定资产预计使用方式发生重大不利变化,如企业计划终止或重组该资产所属的经营业务、提前处置资产等情形,从而对企业产生负面影响;⑥其他有可能表明资产已发生减值的情况。

如果固定资产的可收回金额低于其账面价值，企业应当按可收回金额低于账面价值的差额计提固定资产减值准备，并计入当期损益。已计提减值准备的固定资产，应当按照该固定资产的账面价值以及尚可使用寿命重新计算确定折旧率和折旧额；如果已计提减值准备的固定资产价值又得以恢复，应当按照固定资产价值恢复后的账面价值，以及尚可使用寿命重新计算确定折旧率和折旧额。因固定资产减值准备而调整固定资产折旧额时，对此前已计提的累计折旧不做调整。如果有迹象表明以前期间据以计提固定资产减值的各种因素发生变化，使得固定资产的可收回金额大于其账面价值，则以前期间已计提的减值损失应当转回，但转回的金额不应超过原已计提的固定资产减值准备。

为核算企业提取的固定资产减值准备，设置"固定资产减值准备"账户。本账户按固定资产项目设置明细账。本账户期末贷记"余额"，反映企业已提取的固定资产减值准备。企业发生固定资产减值时，借记"营业外支出——计提的固定资产减值准备"科目，贷记本科目；如已计提减值准备的固定资产价值又得以恢复，应在原计提减值准备的范围内转回，借记本科目，贷记"营业外支出——计提的固定资产减值准备"科目。

第四章 财务会计无形资产管理分析

第一节 无形资产概述

一、无形资产的定义及其特点

无形资产是指企业为生产商品或者提供劳务、出租给他人，或为管理目的持有的没有实物形态的非货币性长期资产。无形资产包括专利权、非专利技术、商标权、著作权、土地使用权、商誉等，它们或者表明企业所拥有的一种特殊权力，或者直接体现为帮助企业取得高于一般水平的收益。

《企业会计准则——无形资产》规定：无形资产可分为可辨认无形资产和不可辨认无形资产。可辨认无形资产包括专利权、非专利技术、商标权、著作权、土地使用权、特许权等，不可辨认无形资产是指商誉。

目前，国际上对无形资产的界定不完全一致。《国际会计准则第38号——无形资产》规定，无形资产指为用于商品或劳务的生产或供应、出租给其他单位，或为管理目的而持有的没有实物形态的可辨认无形资产。英国《财务报告准则第10号——商誉和无形资产》认为，无形资产指不具实物形态、可辨认、企业可控制的非金融性长期资产。美国正在对无形资产会计处理准则进行修订，所公布的征求意见稿认为，无形资产是指无实物形态的非流动资产(不包括金融资产)，包括商誉。不难看出我国的无形资产概念与国际会计准则和英国会计准则中的无形资产概念存在一定差别，表现在我国的无形资产概念包括商誉。与美国征求意见稿中的无形资产概念相比，我国的无形资产概念与之基本一致。

无形资产具有下列特点：

1.无实体性

无形资产一般是由法律或契约关系所赋予的权利，它没有实物形态，看不见、摸不着，但其作用可以感觉得到。在某些高科技领域，无形资产往往往显得更为重要。没有实物形态的资产不一定都是无形资产，如应收账款，所以不能单靠有无物质实体作为判断是不是无形资产的唯一标志，但无形资产一定是没有实物形态的。

需要指出的是，某些无形资产的存在有赖于实物载体。比如，计算机软件需要存储在磁盘中。但这并没有改变无形资产本身不具有实物形态的特性。

2. 未来效益的不确定性

无形资产能为企业带来长期效益，但它所能提供的未来经济效益具有很大的不确定性。如企业拥有一项专利权，它使企业在某项技术上独占使用权，从而获得超过同类其他企业的经济利益。但是一旦有一项新的技术出现，它可以远远领先于企业的专利技术，那么企业来自该项专利的经济利益可能减少，甚至消失。无形资产的价值仅局限于特定的企业，在一个企业有用的无形资产不一定在其他企业拥有。并且也很难将无形资产的价值与特定的收入及特定的期间相联系，其不确定性远远超过其他资产。

3. 非独立性

大多数的无形资产不能与企业或企业的有形资产相分离，只有与其他有形资产相结合，在企业生产经营中才能发挥作用。一个企业不可能只有无形资产，企业在未来取得的收益也很难区分是无形资产创造的还是有形资产创造的，通常是两者共同作用的结果。

4. 非流动性

无形资产能为企业连续提供1年以上的服务或利益，其成本不能在短期内得到充分补偿。企业持有无形资产的目的不是出售而是生产经营，即利用无形资产来提供商品、提供劳务出租给他人，或为企业经营管理服务。软件公司开发的用于对外销售的计算机软件，对于购买方而言属于无形资产，而对于开发商而言却是存货。

二、无形资产的分类

无形资产可以按以下不同的标志进行分类：

（1）按可否辨认分，无形资产可分为可辨认无形资产和不可辨认无形资产。可辨认无形资产是指那些具有相对独立性，可以个别地取得，或作为组成资产的一部分取得，或作为整个企业的一部分取得，可以单独转让或出售的无形资产，如特许权。但也存在特殊情况，即，虽然企业将其出售还需处置同一获利活动中的其他资产，该无形资产仍可能是可辨认的。比如，与地上附着物一同购入的土地使用权。

不可辨认无形资产是指那些不具有独立性，不能与企业整体或某项资产分离，不能单独取得，转让或出售的无形资产，最典型的就是商誉。

（2）按不同的来源分，无形资产可分为外部取得的无形资产和内部的无形资产。外购的无形资产是指从其他单位或个人购进的，或连同企业一并购进的，如外购的专利权、商誉等。

自创的无形资产是指企业自行研制开发并申请成功的无形资产，如自制的商标权、专利权等。

（3）按有无固定使用年限，无形资产可分为有固定使用年限的无形资产和无固定使用年限的无形资产。有固定使用年限的是指法律或合约规定有使用年限的无形资产，如特许权。无固定使用年限的是指法律和合约无法规定使用年限的无形资产，如商誉。

三、无形资产的确认

《企业会计准则——无形资产》规定，无形资产在满足以下两个条件时，企业才能加以确认：

第一，该资产产生的经济利益很可能流入企业；

第二，该资产的成本能够可靠地计量。

某个项目要想确认为无形资产，首先必须符合无形资产的定义，其次还要符合以上两项条件。

1. 符合无形资产的定义

符合无形资产定义的重要表现之一，就是企业能够控制该无形资产产生的经济利益。这虽是企业一般资产所具有的特征，但对于无形资产来说，显得尤为重要。如果没有通过法定方式或合约方式认定企业所拥有的控制权，则说明相关的项目不符合无形资产的定义。比如，一支熟练的员工队伍、特定的管理或技术、一定的客户或市场份额，除非它们的利用及其未来能给企业带来的经济利益受到法定权利的保护，否则不应认为企业对其有足够的控制，因此也不能将它们认定为该企业的无形资产。

2. 产生的经济利益很可能流入企业

作为企业的无形资产，必须具备产生的经济利益很可能流入企业这项基本条件。实务中，要确定无形资产创造的经济利益是否很可能流入企业，需要实施职业判断。在判断无形资产产生的经济利益是否可能流入企业时，企业管理部门应对无形资产在预计使用年限内存在的各种因素做出稳健的估计。

3. 成本能够可靠地计量

成本能够可靠地计量是资产确认的一项基本条件。对于无形资产来说，这个条件显得十分重要。企业自创商誉符合无形资产的定义，但自创商誉过程中发生的支出却难以计量，因而不能作为企业的无形资产予以确认。又比如，一些高科技企业的科技人才，假定其与企业签订了服务合同，且合同规定其在一定期限内不能为其他企业提供服务。在这种情况下，虽然这些科技人才的知识在规定的期限内预期能够为企业创造经济利益，但由于这些技术人才的知识难以辨认，加之为形成这些知识所发生的支出难以计量，从而不能作为企业的无形资产加以确认。

国际会计准则和其他国家或地区会计准则对无形资产确认都予以特别关注。《国际会计准则第38号》指出，企业将某项目确认为无形资产时，应能够证明该项目符合无形资产的定义，并同时符合以下条件：第一，归属于该资产的未来经济利益很可能流入企业；第二，该资产的成本能够可靠地计量。《国际会计准则第38号》特别强调，企业应使用合理并有证据的假定评价未来经济利益流入的可能性，这些假定应代表企业的管理层对资产使用寿命内将存在的一系列经济状况的最好估计。

在英国的会计实务中，对商誉和无形资产的确认所遵循的是英国会计准则委员会于1999年12月发布的原则公告。该公告指出，如果一项交易或其他事项产生了一项新资产或一项新负债，或导致一项现存资产或负债的增加，那么这种影响应在同时符合以下条件时予以确认：第一，存在表明新资产或负债已经产生的证据，或存在表明已增加现存资产或负债的证据；第二，新资产或负债在现存资产或负债基础上增加的部分，能够以货币金额可靠地计量。

美国会计准则中没有关于专门确认无形资产的规定，相关的关于财务报表要素的确认原则如下：第一，符合定义，即要符合财务报表某一要素的定义；第二，可计量性，即具有一个相关的可计量属性，足以可靠地计量；第三，相关性，即有关信息在用户的决策中有重要作用；第四，可靠性，即信息是真实、可核实、无偏向的。

从形式上看，国际会计准则、英国会计准则及美国会计准则对无形资产确认条件存在一些不同，但从本质上看，它们并无实质上的区别。我国的会计准则与国际会计准则基本一致。

第二节 无形资产的核算

一、无形资产的增加

(一)无形资产的计价

企业的无形资产在取得时，应按取得时的实际成本计量。取得时的实际成本应按以下规定确定：

(1)购入的无形资产，按实际支付的价款作为实际成本。

国际会计准则、英国会计准则、美国会计准则对于购入的无形资产，都规定确认时按成本计量。但是，如果采用赊购的方法且延期支付的期限较长时，则规定对购入的无形资产通过折现的方法进行初始计量。

(2)投资者投入的无形资产，按投资各方确认的价值作为实际成本。但是，为首次发行股票而接受投资者投入的无形资产，应按该项无形资产在投资方的账面价值作为实际成本。

(3)企业接受的债务人以非现金资产抵偿债务方式取得的无形资产，或以应收债权换入无形资产的，按应收债权的账面价值加上应支付相关税费，作为实际成本。涉及补价的，按以下规定确定受让的无形资产的实际成本：①收到补价的，按应收债权的账面价值减去补价，加上应支付的相关税费，作为实际成本；②支付补价的，按应收债权的账面价值加上支付的补价和应支付的相关税费，作为实际成本。

(4) 以非货币性交易换入的无形资产,按换出资产的账面价值加上应支付的相关税费,作为实际成本。涉及补价的,按以下规定确定换入无形资产的实际成本:

收到补价的,按换出资产的账面价值加上应确认的收益和应支付的相关税费减去补价后的余额,作为实际成本;

应确认的收益 = 补价 ×(换出资产的公允价值－换出资产的账面价值)－换出资产的公允价值

支付补价的,按换出资产的账面价值加上应支付的相关税费和补价,作为实际成本。

国际会计准则和美国会计准则对于非货币性交易换入的无形资产,在进行初始计量时,都区分交易的性质,根据其是属于同类非货币性交易还是属于非同类非货币性交易,从而采取不同的处理方法。我国不做这样的区分。英国会计准则对此没有专门的规定。

(5) 接受捐赠的无形资产,应按以下规定确定其实际成本:

①捐赠方提供了有关凭据的,按凭据上标明的金额加上应支付的相关税费,作为实际成本。

②捐赠方没有提供有关凭据的,按如下顺序确定其实际成本:①同类或类似无形资产存在活跃市场的,按同类或类似无形资产的市场价格估计的金额,加上应支付的相关税费,作为实际成本;同类或类似无形资产不存在活跃市场的,按该接受捐赠的无形资产的预计未来现金流量现值,作为实际成本。

(6) 自行开发并按法律程序申请取得的无形资产,按依法取得时发生的注册费、聘请律师费等,作为无形资产的实际成本。在研究与开发过程中发生的材料费用、直接参与开发人员的工资及福利费、开发过程中发生的租金、借款费用等,直接计入当期损益。

已经计入各期费用的研究与开发费用,在该项无形资产获得成功并依法申请取得权利时,不得再将原已计入费用的研究与开发费用资本化。

(7) 企业购入的土地使用权,或以支付土地出让金方式取得的土地使用权,按照实际支付的价款作为实际成本,并作为无形资产核算;待该项土地开发时再将其账面价值转入相关在建工程(房地产开发企业将需开发的土地使用权账面价值转入存货项目)。

(二) 会计处理

为核算企业的无形资产,设置"无形资产"科目。本科目应按无形资产类别设置明细账,进行明细核算。本科目的期末借方余额,反映企业已入账但尚未摊销的无形资产的摊余价值。企业自创的商誉,以及未满足无形资产确认条件的其他项目,不能作为企业的无形资产,不在本科目内反映。具体的账务处理如下:

(1) 购入的无形资产,按实际支付的价款,借记"无形资产",贷记"银行存款"等。

(2) 投资者投入的无形资产,按投资各方确认的价值,借记"无形资产",贷记"实收资本"或"股本"等。为首次发行股票而接受投资者投入的无形资产,应按该项无形资产在投资方的账面价值,借记"无形资产",贷记"实收资本"或"股本"等。

(3) 企业接受的债务人以非现金资产抵偿债务方式取得的无形资产,或以应收债权换入无形资产的,按应收债权的账面价值加上应支付的相关税费,借记"无形资产",按该项债权已计提的坏账准备,借记"坏账准备",按应收债权的账面余额,贷记"应收账款"等,按应支付的相关税费,贷记"银行存款""应交税金"等。涉及补价的,分情况进行处理:

①收到补价的,按应收债权的账面价值减去补价,加上应支付的相关税费,借记"无形资产",按收到的补价,借记"银行存款"等,按该项债权已计提的坏账准备,借记"坏账准备",按应收债权的账面余额,贷记"应收账款"等,按应支付的相关税费,贷记"银行存款""应交税金"等。

②支付补价的,按应收债权的账面价值加上支付的补价和应支付的相关税费,借记"无形资产",按该项债权已计提的坏账准备,借记"坏账准备",按应收债权的账面余额,贷记"应收账款"等,按支付的补价和相关税费,贷记"银行存款""应交税金"等。

(4) 接受捐赠的无形资产,按确定的实际成本,借记"无形资产",按未来应交的所得税,贷记"递延税款",按确定的价值减去未来应交所得税后的差额,贷记"资本公积",按应支付的相关税费,贷记"银行存款""应交税金"等。

（5）自行开发并按法律程序申请取得的无形资产，按依法取得时发生的注册费、聘请律师费等，借记"无形资产"，贷记"银行存款"等。

企业在研究与开发过程中发生的材料费用，直接参与开发人员的工资及福利费，开发过程中发生的租金、借款费用等，直接计入当期损益，借记"管理费用"，贷记"银行存款"等。

（6）企业通过非货币性交易取得的无形资产，比照以非货币性交易取得的固定资产的相关规定进行处理。

二、无形资产的后续支出

无形资产的后续支出，是指无形资产入账后，为确保该无形资产能够给企业带来预定的经济利益而发生的支出，比如相关的宣传活动支出。由于这些支出仅是为了确保已确认的无形资产能够为企业带来预定的经济利益，因而应在发生当期确认为费用。

《国际会计准则第38号》指出，无形资产后续支出应在发生时确认为费用，除非满足以下条件：第一，该支出很可能使资产产生超过原来预定绩效水平的未来经济利益；第二，该支出能够可靠地计量和分摊至该资产。同时指出，商标、刊头、报刊名、客户名单和实质上类似的项目（不论是外部购入的还是内部产生的）所发生的后续支出，只能确认为费用，以确认自创商誉。

《英国财务报告准则第10号》没有特别提及无形资产后续支出。美国会计准则也没有特别就无形资产后续支出如何处理提供指南，在实务处理中，对于可辨认无形资产，允许资本化的后续支出通常仅限于那些能够延长无形资产使用寿命的支出。

三、无形资产的摊销

无形资产应当自取得当月起在预计使用年限内分期平均摊销，计入损益。如预计使用年限超过了相关合同规定的受益年限或法律规定的有效年限，该无形资产的摊销年限按如下原则确认：

（1）合同规定受益年限但法律没有规定有效年限的，摊销年限不应超过合同规定的受益年限；

（2）合同没有规定受益年限但法律规定有效年限的，摊销年限不应超过法律规定的有效年限；

（3）合同规定了受益年限，法律也规定了有效年限的，摊销年限不应超过受益年限和有效年限二者之中较短者；

（4）如果合同没有规定受益年限，法律也没有规定有效年限的，摊销年限不应超过10年。

摊销无形资产价值时，借记"管理费用——无形资产摊销"，贷记"无形资产"。

无形资产应否摊销以及如何摊销，在国际上素有争论。以下是国际会计准则及美国、英国的会计准则中的一些观点：

（1）无形资产应否摊销。国际会计准则要求将无形资产按系统方法予以摊销。

英国财务报告准则虽然主张对无形资产进行摊销，但同时对那些被认为具有无限使用寿命的商誉或无形资产不要求进行摊销。

美国会计准则要求对包括商誉在内的无形资产进行摊销。不过，值得注意的是，美国财务会计准则委员会正在对涉及无形资产的公认会计原则进行修订，最新的建议认为，商誉不应予以摊销，替而代之的是定期对其进行减值测试。

（2）摊销年限。《国际会计准则第38号》指出，无形资产的应折旧金额应在其使用寿命的最佳估计期限内系统地摊销。同时指出，只有在极少情况下，才可能存在令人信服的证据表明某项无形资产的使用寿命是长于20年的特定期间；一般情况下，无形资产的使用寿命不超过20年。

（3）摊销方法。《国际会计准则第38号》认为，企业用于摊销无形资产的方法应反映消耗该无形资产的方式，比如直线法、余额递减法和生产总量法等。但是，有时企业并不能很好地确定其消耗无形资产所内含的经济利益的方式。对此，国际会计准则认为，应采用直线法。英国会计准则与国际会计准则的规定基本一致。美国会计准则没有硬性地规定企业应采用直线法或是其他方法来摊销无形资产。

（4）残值。《国际会计准则第38号》认为，无形资产的残值应假定为零，除非其符合以下任何一项条件：第一，由第三方承诺在无形资产使用寿命结束时购买该无形资产；第二，该无形资产存在活跃市场，其残值可以根据该市场信息确定，并且这种市场在该无形资产的使用寿命期末很可能存在。

《英国财务报告准则第10号》认为，会计实务中，无形资产的残值通常是不大的；只有出现以下情况时，残值才可能是较大的：第一，在无形资产使用期限结束时依据合约权力可以收到一定数量的金额；第二，对残值存在一项易于确定的市场价值。为此，该公告指出，在摊销无形资产时，只有当残值可以可靠地计量时，才能考虑残值因素。对于商誉而言，无残值可言。

我国会计准则认为，在进行无形资产摊销时不应考虑残值因素。

四、无形资产的减值

企业应当定期或者至少于每年年度终了时，检查各项无形资产预计给企业带来未来经济利益的能力，对预计可收回金额低于其账面价值的，应当计提减值准备。当存在下列一项或若干项情况时，应当计提无形资产减值准备：

（1）某项无形资产已被其他新技术替代，使其为企业创造经济利益的能力受到重大不利影响；

（2）某项无形资产的市价在当期大幅下跌，在剩余摊销年限内预期不会恢复；

（3）某项无形资产已超过法律保护期限，但仍然具有部分使用价值；

（4）其他足以证明某项无形资产实质上已经发生了减值的情形。

当存在下列一项或若干项情况时，应当将该项无形资产的账面价值全部转入当期损益，借记"管理费用"，贷记"无形资产"：

（1）某项无形资产已被其他新技术替代，并且该项无形资产已无使用价值和转让价值；

（2）某项无形资产已超过法律保护期限，并且已不能为企业带来经济利益；

（3）其他足以证明某项无形资产已经丧失了使用价值和转让价值的情形。

为核算企业计提的无形资产减值准备，设置"无形资产减值准备"科目，该科目应按单项无形资产计提减值准备。期末，企业所持有的无形资产的账面价值高于其可收回金额的，应按其差额，借记"营业外支出——计提的无形资产减值准备"，贷记"无形资产减值准备"；如已计提减值准备的无形资产价值又得以恢复，应按已计提减值准备的范围内转回，借记"无形资产减值准备"，贷记"营业外支出——计提的无形资产减值准备"。本科目期末贷方余额，反映企业已提取的无形资产减值准备。

《国际会计准则第38号》没有直接对减值进行定义，而是对减值损失做了界定，即减值损失是指资产的账面价值超过其可收回金额的金额。其中，资产的账面价值指资产负债表内确认的资产的金额减去相关累计摊销额和累计减值损失后的余额。

《英国财务报告准则第10号》指出，减值指固定资产包括有形固定资产和无形固定资产或商誉的可收回金额低于其账面价值引起的价值减少。

《美国财务会计准则公告第121号——长期资产减值与待处置长期资产的会计处理》指出，如果企业预期从长期资产的使用和最终处置获得的未折现的未来现金流量低于其账面价值，则说明该长期资产发生了减值。

从上述内容可以看出，尽管国际会计准则和英国会计准则对资产减值现象的描述有些不同，但实质却是一样的，而美国会计准则则有些不同。

五、无形资产的处置和报废

企业出售无形资产，按实际取得的转让收入，借记"银行存款"等，按该项无形资产已计提的减值准备，借记"无形资产减值准备"，按无形资产的账面余额，贷记"无形资产"，按应支付的相关税费，贷记"银行存款""应交税金"等，按其差额，贷记"营业外收入——出售无形资产收益"或借记"营业外支出——出售无形资产损失"。

企业出租无形资产所取得的租金收入，借记"银行存款"等，贷记"其他业务收入"等；结转出租无形资产的成本时，借记"其他业务支出"，贷记"无形资产"。

企业用无形资产向外投资，比照非货币性交易的规定处理。

若预计某项无形资产已经不能给企业带来未来经济利益，应当将该项无形资产的账面价值全部转入管理费用。

《企业会计准则——无形资产》规定，企业在判断无形资产是否预期不能为企业带来经济利益时,应根据以下几项加以判断:第一,该无形资产是否已被其他新技术替代,且已不能为企业带来经济利益;第二,该无形资产是否不再受法律的保护,且不能给企业带来经济利益。

第三节　可辨认无形资产

一、专利权

专利权,是指国家专利主管机关依法授予发明创造专利申请人对其发明创造在法定期限内所享有的专有权利,包括发明专利权、实用新型专利权和外观设计专利权。

专利权是人们智力劳动的结果,也是最常见的知识产权的一种。为了保护发明创造、鼓励发明创造,有利于发明创造成果的推广使用,促进科学技术的发展,加速科技成果的商品化,适应社会主义市场经济的需要,我国在1984年颁发了《中华人民共和国专利法》,并于1992年9月对此做了修改。该法明确规定,专利权拥有人的专利受到国家法律的保护。申请专利,应按照法律程序进行,无论申请的是发明、实用新型还是外观设计,都应当具备新颖性、创造性和实用性三个条件。

专利权是否有价值应看其是否具有降低成本,或者提高产品质量,或者可以转让出去获得转让费收入,从而能给持有者带来经济利益等特点。专利权在会计上的核算包括以下几个方面:

(一)专利权取得成本的确定与核算

无形资产的计价也应遵循历史成本原则,即按取得无形资产时所发生的实际成本计价,包括必要的注册费、手续费和法律费等。自制的专利权理论上应包括在创造专利权过程中所发生的制图费、实验费、申请专利的法律登记费以及聘请律师费等,但是,由于自己创造的专利权不一定能够成功,为了谨慎起见,在研究与开发过程中发生的材料费用,直接参与开发人员的工资及福利费,开发过程中发生的租金、借款费用等,直接计入当期损益。

已经计入各期费用的研究与开发费用,在该项无形资产获得成功并依法申请取得权利时,不得再将原已计入费用的研究与开发费用资本化。

(二) 专利权的摊销及其核算

无形资产按其历史成本入账后,在其使用期限内,应遵循配比原则,将其成本在各受益期间进行分摊。无形资产的摊销期限:合同规定了受益年限的,按不超过受益年限的期限摊销;合同没有规定受益年限而法律规定了受益年限的,按不超过法律规定的有效期限摊销;经营期短于有效年限的,按不超过经营期的年限摊销;合同和法律都规定受益年限的,在两者孰短的期限内摊销;合同和法律都未规定受益年限的,按不超过10年的期限摊销。我国修改后的《专利法》规定,发明专利保护期限为20年,实用新型和外观设计专利保护期限为10年,均自申请日起算。专利权在摊销时,应借记"管理费用——无形资产摊销"科目,贷记"无形资产——专利权"科目。

(三) 专利权的转让及其核算

专利发明创造作为一种无形资产,可以进入商品流通领域,作为买卖的标的物。当专利权人不打算利用其专利或无法利用时,就可以将其专利权转让给他人利用。专利权的转让是指专利权人将其专利权转移给受让人所有,受让人支付一定报酬或价款,成为新的专利人的行为。专利权转让必须签订转让合同,并向专利局备案。专利权转让有两种形式,一种是所有权转让,另一种是使用权转让。

1. 所有权转让

根据我国税法规定,转让专利权的所有权,应缴纳营业税,税率为5%,计入"应交税金——应交营业税"。

企业出售无形资产,按实际取得的转让收入,借记"银行存款"等,按该项无形资产已计提的减值准备,借记"无形资产减值准备",按无形资产的账面余额,贷记"无形资产——专利权",按应支付的相关税费,贷记"银行存款""应交税金"等,按其差额,贷记"营业外收入——出售无形资产收益"或借记"营业外支出——出售无形资产损失"。

2. 使用权转让

企业出租无形资产所取得的租金收入,借记"银行存款"等,贷记"其他业务收入"等；结转出租无形资产的成本时，借记"其他业务支出"，贷记"无形资产——专利权"。

(四) 专利权投资及其核算

专利权人可以专利权作为投资，取得投资收益。这也可以被认为是专利权人自行实施专利的一种变通形式。

专利权如受到侵害而发生诉讼时，有可能胜诉也有可能败诉。关于诉讼费的处理一般惯例是：如胜诉，应予资本化；如败诉，应计入当期费用，且注销专利权成本。

二、商标权

商标是用来辨认特定的商品或劳务的标记。商标权指专门在某类指定的商品或产品上使用特定的名称或图案的权利。商标权包括独占使用权和禁止权两个方面。独占使用权指商标权享有人在商标的注册范围内独家使用其商标的权利；禁止权指商标权享有人排除和禁止他人对商标独占使用权进行侵犯的权利。

商标权是知识产权的另一种表现形式。商标是用来辨认特定的商品或劳务的标记，其外在形态是由文字、图形或者是文字与图形的组合构成的。在国外，也有以包装容器造型、音响、气味、颜色来构成商标的。商标权是指商标所有人依法对其注册商标所享有的权利。为了加强商标管理，保护商标专用权，促使生产者保证商品质量和维护商标信誉，以保障消费者的利益，促进我国知识经济的发展，我国在1982年颁布了《中华人民共和国商标法》，后又进行了修改。该法明确规定，经商标局核准注册的商标为注册商标，商标注册人享有商标专用权，受法律保护。

商标权具有专有性、地域性和时间性等法律特征。所谓专有性，是指商标注册人对注册商标享有专有使用的权利，其他任何单位或个人未经商标注册人的许可，不得使用该注册商标，专有性又可表现为商标的独占使用权和禁止权。商标注册人有权排除第三者擅自使用其注册商标，这种权利是商标权具有排他性的法律表现。地域性是指商标所有人享有的商标权，只在授予该项权利的国家有效，在其他国家内不发生法律效力。时间性是指商标权有一定的法定有效期限。有效期届满前可以申请续展注册,到期不续展则效力自行终止。

商标权之所以具有经济价值,主要是由于企业拥有某种特别商标的优质商品,成功地取得了广大消费者的信任。所以它是企业的一种信誉,这种信誉能使企业高于同行业一般水平、获得超额利润。

商标权的取得可能是企业自创并注册登记而得,也可能通过购买或接受投资从其他单位或个人取得。自创的商标权,其成本包括从设计至申请注册登记取得商标权的一切费用,还包括为保护商标权所发生的诉讼费、律师费以及续展登记费等。然而能够给拥有者带来获利能力的商标,常常是通过多年的广告宣传和其他传播手段,为赢得客户的信赖而树立起来的。广告费一般直接作为销售费用,而不计入商标权的成本。外购的专利权成本包括购入的价款、登记费、法律费以及其他因受让而发生的支出。

商标权取得后应将其成本在其有效期内摊销,具体要求与专利权相同。我国商标法规定商标权的有效期限为10年,但到期还可以续展。

根据商标法规定,商标可以转让,但受让人应当保证不改变转让商标的商品质量标准,而且不可再随意转让给第三人。

商标权的会计核算也包括商标权的取得、商标权的摊销和商标权的转让等。可设"无形资产——商标权"科目进行会计处理。具体核算可比照专利法。

三、特许权

特许权,又称经营特许权、专营权,指企业在某一地区经营或销售某种特定商品的权利,或是一家企业接受另一家企业使用其商标、商号、技术秘密等的权利。前者一般是由政府机构授权,准许企业使用或在一定地区享有经营某种业务的特权,如水、电、邮电通信等专营权,烟草专卖权等;后者指企业间依照确定的合同,有限期或无限期使用另一家企业的某些权利,如连锁企业分店使用总店的名称。

专营权的法律特征是独占性和无地域性。所谓独占性是指一旦企业从政府机构或其他企业取得某种特许权,其他企业或个人不得侵犯和享用。无地域性是指专营权可以跨国界授予,如美国的麦当劳快餐公司、肯德基炸鸡快餐公司等都是以特许经营权方式授予其在世界各地的特许人经营其快餐的特权。在我国，特许经营权也早已出现，电力公司、电话公司、煤气公司等公用事业单位，都是政府给予特定企业的特许权。近年来，我国以特许经营权方式从事的连锁超市、快餐业、出租车经营的公司也日渐增多。特许权给受让人带来的经济利益是无形的，也是很多企业生存的前提。某些特许权经过企业精心经营可以为企业创造巨大的超额利润。

所以，取得特许权时，受让人应付出一定的代价，有的是一次性支付一笔总金额，有的是分期支付占用费。受让人在进行会计核算时，应设"无形资产——特许权"科目，并将初始一次性支付一笔较大的数额资本化，以后在合同规定的期限内摊销；无规定期限的按不超过10年摊销。摊销费计入管理费用。关于分次按营业额支付的占用费，在支付时，计入当期费用。

四、土地使用权

土地使用权是指国家准许某企业在一定期间内对国有土地享有开发、利用、经营的权利。根据我国土地管理法的规定，我国土地实行公有制，任何单位和个人不得侵占买卖或者以其他形式非法转让。企业取得土地使用权的方式大致有以下几种：行政划拨取得、外购取得、投资者投入取得等。

土地是人们赖以生存与发展的物质基础，在西方国家，土地可以作为固定资产自由买卖。在我国，土地属于国家所有，任何企业或个人，只能依照法律的规定对国有土地享有开发、利用、经营的权利，而不能侵占、买卖、出租或者以其他形式非法出让土地。为了加强土地管理，维护土地的社会主义公有制，1994年，我国对1986年颁布的《中华人民共和国土地管理法》继1988年后进行了第二次修改，明确规定了土地使用权除了国家依法划拨给某些企业使用外，还可以通过有偿出让的方式供某些企业使用或转让。国家将国有土地使用权按照地块、用途、年限和其他条件在一定期限内出让给土地使用者，由土地使用者按照合同约定向国家支付土地使用权出让金，未按照出让合同约定支付土地使用权出让金的，土地管理部门有权解除合同，并可以请求违约赔偿。土地使用权出让合同约定的使用年限届满，土地使用者需要继续使用土地的，可以申请续期。土地使用权人依法取得土地使用权后，可通过买卖、赠与或者其他合法方式将土地使用权转移给他人。

土地使用权转让后，其使用年限为原土地使用权出让合同约定的使用年限减去原土地使用者已经使用年限后的剩余年限。

土地使用权的会计核算主要包括土地使用权的取得、土地使用权的摊销、土地使用权的转让、土地使用权投资、土地使用权赠与等。

企业的土地使用权不论是从国家出让取得，还是从其他单位转让取得，其成本除了企业支付的出让金或转让金外，在其开发利用之前，可能还发生一些迁移补偿费、场地平整费、丈量费和法律手续费等，这些费用应一并作为土地使用权成本。若分期支付土地使用权费用时，还应以每次应支付使用费的现值入账，借记"无形资产——土地使用权"，贷记"银行存款"。

我国房地产有关法规规定，如果土地使用权是连同土地上的附着物如房屋、建筑物等一起购入的，土地使用权则一并作为固定资产核算，不再单独确认为无形资产。

企业会计制度规定，企业进行房地产开发时，应将相关的土地使用权予以结转；结转时，将土地使用权的账面价值一次计入房地产开发成本。

国家在出让或企业在转让土地使用权时，一般都规定土地使用权的有效使用年限，这时，企业在取得土地使用权后，应在规定的有效使用期内摊销，摊销时一般借记"管理费用"，贷记"无形资产——土地使用权"。

五、非专利技术

非专利技术，也称专有技术，它是指不为外界所知，在生产经营活动中已采用的，不享有法律保护的各种技术和经验。非专利技术一般包括工业专有技术、商业贸易专有技术、管理专有技术等。非专利技术可以用蓝图、配方、技术记录、操作方法的说明等具体资料表现出来，也可以通过卖方派出技术人员进行指导，或接受买方人员进行技术实习等手段实现。非专利技术具有经济性、机密性和动态性等特点。

第四节 商誉

商誉通常是指企业由于所处的地理位置优越，或由于信誉好而获得了客户信任，或由于组织得当、生产经营效益高，或由于技术先进、掌握了生产诀窍等而形成的无形价值。这种无形价值具体表现在该企业的获利能力超过了一般企业的获利水平。商誉与整个企业密切相关，因而它不能单独存在，也不能与企业可辨认的各种资产分开出售。由于有助于形成商誉的个别因素不能单独计价，因此商誉的价值只有把企业作为一个整体看待时才能按总额加以确定。商誉可以是自创的，也可以是外购的。

一、商誉的性质

随着企业兼并收购浪潮的涌起，企业产权交易日益活跃，在产权有偿转让过程中，商誉也应运而生。对商誉概念的认识，比较一致的看法是，商誉是由于企业所处地理位置优越，或由于信誉好而获得了客户的信任，或由于组织得当、生产经营效益高，或由于技术先进、掌握了生产的诀窍等而形成的无形价值。这种无形价值能为企业带来超过一般盈利水平的超额利润。例如，某企业净资产的价值为1000万元，行业平均净资产报酬率为5%，而该企业平均每年可获利85万元。可见，该企业具有超过同行业平均盈利的能力，其获得的超额利润为35（85－1000×5%）万元。这35万元，就可认为是企业自身有隐含的商誉创造的。

商誉不同于一般的无形资产，美国财务会计委员会将其特征概括如下：

①商誉与作为一个整体的企业密切相关，它不能单独存在，也不能与企业的可辨认的各种资产分开来出售。②形成商誉的各个因素，不能用任何方法或公式进行单独讨价。它的价值只有在把企业作为一个整体来看待时，才能按总额加以确定。③在企业合并时可确认的商誉的未来收益，可能和建立商誉过程中所发生的成本没有关系。商誉的存在，未必一定有为建立它而发生的各种成本。可见商誉是一种不可单独买卖、不可辨认或确指的特殊的无形资产。

二、商誉入账价值的确定

商誉可以是由企业自己建立的，也可以是向外界购入的。但是，只有外购的商誉，才能确认入账。只有在企业兼并或购买另一个企业时，才能确认商誉。商誉的计价方法很多，也很复杂。通常在一个企业购买另一个企业时，经双方协商确定买价后，买价与卖方可辨认净资产公允价值的差额即为商誉。

有人主张，那些长期具有超额收益能力、超过同行业平均利润率的企业在自创商誉过程中，为了取得超额利润，付出了一定的代价和巨额支出，应将这些费用估价入账，确认为商誉。他们认为不这样做会违背信息的相关性和重要性原则，不能充分地将信息传递给使用者。因为自创商誉是实现企业未来经济利益的承担者之一，其价值不应在企业购并时才得以实现，并且具有自创商誉的企业往往生命力很强，如果该企业没有被购并，其商誉也无法体现，即使在购并时体现，也只是反映在购买企业的账上，作为购买企业的资产。而购买企业购买入账的商誉不一定能为该企业的未来带来收益，如果商誉是被购并企业的管理业绩优越而形成，若购并后企业不能发扬被购并企业的管理水平，则可能会使企业经济效益下降。

在实务中，并不确认自创商誉。不过随着预测科学的进步，可以预测企业未来每年盈利能带来的现金流量，选择合理的贴现率，确定企业的收益能力；也可以通过对上市企业的股票市价总额与其重估价后的净资产对比确定企业的收益能力，据此来确定企业的商誉。目前一些西方国家已经在探讨自创商誉的问题。

三、商誉的摊销

商誉的价值如何摊销，在理论上有以下三种方法：

（1）在取得商誉时，将其价值全部冲销所有者权益，而不作为资产处理。该种方法的理由是，商誉与其他资产不同，它无法辨认，不能与企业整体相分离，从某种意义上来说它不是资产，它与现金不同，不能单独买卖，所以应收账款或固定资产等资产完全不同。

有人认为，外购商誉的会计处理应与自创商誉的会计处理保持一致。自创商誉的有关费用在发生时全部计入费用，而不作为资产，外购商誉也应同样处理。若将外购商誉的价值摊销，可能会导致重复记账。这一方面是因为通过摊销外购商誉已使本期净利润减少；另一方面是为了保持企业的超额获利能力，企业还会发生一些支出，来维持或提高外购商誉的价值，而这些支出在发生时就计入当期费用，势必会使本期收入与商誉的费用相配比时发生重复现象。

这种方法还有一个理由，即外购商誉为企业带来的收益期间很难确定，无法将其价值在有限的期间摊销。

（2）将外购商誉在账面上作为企业的资产，不摊销其价值，除非该资产发生减值。很多人都赞成这种观点，认为商誉具有无限的使用寿命，加上为了维护和提高该资产的价值，企业也在不断投入资源，除非有迹象表明，该企业获得超额利润的能力已下降，否则不应摊销其价值。另外，在摊销商誉时，因为期间不确定，带有很大的主观性，势必会使本期净利润不真实。

（3）将外购商誉作为资产入账，且将其价值在有效的使用年限摊销。赞成该种观点的人认为商誉的价值最终将会消失，应该将其最初取得的成本分期计入其影响的期间，只有这样才符合会计的配比原则。

在实务中，较多采用第三个观点。在摊销商誉时，应根据法律的限定、行业竞争、技术进步等选择摊销年限。在美国，商誉的摊销年限最长不得超过40年。我国规定商誉的摊销期不超过10年。摊销商誉时，借记"管理费用"，贷记"无形资产——商誉"。

四、负商誉

当企业购并另一个企业时，所支付的价款低于被购并企业可辨认净资产的公允价值时，其差额为负值，称为负商誉。

负商誉与商誉一样，只有在企业购并时才能被确认。购并另一个企业发生负商誉，可能是由于被购并企业的盈利能力确实很低，低于同行业的一般盈利水平，也有可能是交易市场发生变化使企业分别出售其资产比整体出售更有利，而使整个企业的价值低于其资产的公允价值。

在会计上，负商誉作为商誉的对立面对其的处理方法也有三种：

（1）作为递延收益，分期摊入各期损益。这种方法是商誉的反向处理。但这种方法的缺陷是使人难以理解的。一方面，递延收益是负债，但负商誉并不具有负债的内在要求，它根本不存在债权人，企业将来也不需要付出资产或劳务去偿还；另一方面，将负商誉分期摊入各期收益，在无现金流入的情况下，使企业收益增加。

（2）在购并时，将负商誉全部增加所有者权益。这种处理实际上是将负商誉作为计价调整科目，直接调整企业的资本价值而不涉及企业的损益，避免了损益虚增的情况。

（3）按比例冲销非流动资产，直到非流动资产的账面价值为零，尚还有差额，则确认为递延贷项，分期摊入各期损益。该种方法比较谨慎，也避免了人为确定摊销期间，加大各期利润，使信息使用者难以理解的缺陷。

第五章　财务会计负债及所有者权益管理分析

第一节　流动负债

一、流动负债的性质及分类

(一) 负债的含义

负债是指过去的交易、事项形成的现实义务，履行该义务预期会导致经济利益流出企业。负债包含以下三层含义：

（1）负债是一项经济责任，或者说是一项义务，它需要企业进行偿还。例如，应付账款、应付票据及应付债券等都是典型意义上的负债；销售商应履行的在出售商品时订立的保证契约的责任，服务行业根据合同预收服务费后在规定的未来期限内提供服务的责任等。

（2）清偿负债会导致企业未来经济利益的流出。负债最终都需要清偿，清偿的方式有很多种，大多数负债在将来须以现金支付清偿。也有一些负债则要求企业提供一定的商品或劳务来进行抵偿，如预收收入、售出商品的保证债务等。另外，有些负债项目到期时，还可能用新的负债项目来替代。例如，用短期应付票据替代应付账款，用新债券赎回旧债券等。无论用何种方式清偿。都会导致企业未来经济利益的流出。

（3）负债是企业过去的交易事项的一种后果，也就是说负债所代表的当前经济责任必须是由企业过去发生的经济业务所引起的，不具有这一特征的预约协议都不能作为负债。例如，购货预约只是买卖双方就将来要进行的商品交易达成的协议，交易业务目前尚未实际发生，故并不构成当前债务责任。

二、流动负债的性质及计价

我国《企业会计准则》对流动负债的定义为"流动负债是指将在一年（含一年）或超过一年的一个营业周期内偿还的债务，包括短期借款、应付票据、应付账款、预收账款、应付工资、应付福利费、应付股利、应交税金、其他暂收应付款项、预提费用和一年内到期的长期负债等"。

流动负债的基本特征就是偿还期较短。它是企业筹集短期资金的主要来源。将流动负债与流动资产相比较，是判断和评估公司短期偿债能力的重要方法之一。所以，凡属一年或超过一年的一个营业周期内必须清偿的债务，在资产负债表上都必须列为流动负债，不论它最初是流动负债还是长期负债。

流动负债代表着企业未来的现金流出，从理论上说，应按照未来应付金额的贴现来计价。但是，流动负债涉及的期限一般较短，其到期值与其贴现值相差无几。为了简便起见，会计实务中一般都是按实际发生额入账。短期借款、带息的应付票据、短期应付债券应当按照借款本金和债券面值，按照确定的利率按期计算利息，计入当期的财务费用，体现为当期损益。

三、流动负债的分类

流动负债可以按不同的分类标准进行不同的划分。为了进一步认识流动负债的性质和特征，本节对流动负债按下列三种标志进行分类。

（一）按偿付手段划分

流动负债可以分为用货币资金偿还的流动负债和用商品或劳务偿付的流动负债两类：

1. 用货币资金偿还的流动负债

此类流动负债的特点是债务到期时，企业须动用现金、银行存款或其他货币资金来偿还，如应付账款、应付票据、短期借款、应付工资、应交税金等，绝大部分的流动负债都属于此类。

2. 用商品或劳务偿付的流动负债

此类流动负债的特点是债务到期时，企业须动用商品来偿还，或用劳务来抵付，主要是指预收的一些货物或劳务款项、售出产品的质量担保债务，如预收款项、预计负债等。

(二) 按应付金额可确定的程度划分

流动负债可划分为可确定性流动负债和不可确定性流动负债即或有负债：

1. 可确定的流动负债

负债是企业承担的现实义务，需要企业将来进行偿还。未来的事项都带有一定的不确定性，但不确定性的程度不同。可确定性流动负债是指不确定性很小，可以较为可靠地计量。其特点是债务的偿还到期日、应付金额等都是有契约或法律规定的。如应付账款、应付票据、长期债务中的流动部分、应付工资、应付福利费、存入保证金（押金）、预收收入及其他应付（暂收）款等。

2. 或有负债

或有负债即不可确定性流动负债，是指过去的交易和事项形成的潜在义务，其存在须通过未来不确定事项的发生或不发生予以证实，或过去的交易或事项形成的现实义务，不履行该义务很可能导致经济利益流出企业或该义务的金额不能可靠地计量。其特点是这种负债虽确已存在，但没有确切的应付金额，有时甚至也无确切的偿还日期和收款人。因此，这类负债的应付金额就必须根据一定的办法（如以往经验、调研资料等）予以估计。如产品质量担保债务等。

(三) 按流动负债产生的环节划分

流动负债按其产生的环节划分，可分为以下三类：

1. 产生于生产经营环节的流动负债

生产经营环节引起的流动负债，具体又包括两个方面：一是外部业务结算过程中形成的流动负债，如应付账款、应付票据、预收账款、应交税金（流转税）等；二是企业内部结算形成的流动负债，如应付工资、应付福利费、预提费用等。

2.产生于收益分配环节的流动负债

收益分配环节的流动负债是指企业根据所实现的利润进行分配所形成的各种应付款项,如应交税金(所得税)、应付利润(股利)等。

3.产生于融资环节的流动负债

融资环节的流动负债是指企业从银行及非银行金融机构筹措资金所形成的流动负债,如短期借款、一年内到期的长期负债等。

第二节 流动负债核算

一、企业筹措资金过程中发生的流动负债

(一)短期借款

企业在生产经营中,经常会发生暂时性的资金短缺,为了生产经营的正常进行,需要向银行或其他金融机构取得一定数量的短期资金,由此形成了企业的短期借款。短期借款是指企业向银行或其他金融机构等借入的期限在一年以下(含一年)的各种借款。企业在借入短期借款时,应按实际借入金额,借记"银行存款",贷记"短期借款";归还借款时,借记"短期借款",贷记"银行存款"。

企业使用银行或其他金融机构的资金,要支付一定的利息。企业取得短期借款是一项融通资金的行为,短期借款的利息应作为融通资金的费用计入当期损益。有关短期借款利息的会计核算,要按支付利息的方式不同而进行不同的会计处理。通常利息的支付有两种方式:一是到期连同本金一同支付,在这种情况下,根据会计的重要性原则,如果利息金额较大,需要按期计提利息,借记"财务费用",贷记"预提费用";如果金额不大,可以不分期预提,到期随同本金支付时,一次性计入财务费用。二是按期支付,在实际支付或收到银行的计息通知单时,直接计入当期损益,借记"财务费用",贷记"银行存款"或"现金"。

(二) 一年内到期的长期负债

企业为了扩大生产经营规模,进行固定资产投资,要举借大量长期负债。长期负债自资产负债表日起还有一年或超过一年的一个营业周期内的到期部分,虽然仍在长期负债账上,但应视为流动负债核算,这部分长期负债在资产负债表上应转列为流动负债。

必须注意,在下列两种情况下,一年内到期的长期负债不应视为流动负债:

(1) 它们的清偿不需动用流动资产或不会产生流动负债。其原因就在于,这部分负债在未来一年内无须以流动资产来支付。因此,如果即将到期的长期负债并不需要用流动资产来偿还,而是用专门积累起来的"偿债基金"偿还,则不能作为流动负债。

(2) 它们的清偿需要用新发行长期债券或新发行股票来调换,那么也无须转列为流动负债。

二、企业购销业务过程中发生的流动负债

(一) 应付票据

应付票据,亦称短期应付票据,它是指债务人出具的承诺在一年或一个营业周期内的特定日期支付一定金额的款项给持票人的书面文件。在我国现行的会计制度中核算的应付票据,仅指承兑的商业汇票。

商业汇票是购货企业在正常经营活动中向销货企业出具的承诺在将来特定时日支付一定金额的期票(远期票据)。商业票据按照承兑人的不同,可分为银行承兑汇票和商业承兑汇票。由债务人的开户银行承兑的商业票据称为银行承兑汇票,由债务人直接承兑的商业票据称为商业承兑汇票。商业汇票的期限最长不得超过6个月。

应付票据按票面是否注明利率可分为带息票据和不带息票据两种:带息票据载明了票面利率,到期按票面金额(本金)与票面利率计算利息,与本金一并支付;不带息票据没有利息问题,票据到期时,债务人按票面金额支付即可。我国企业多采用不带息票据。

企业应设置"应付票据"科目，进行应付票据的核算。由于票据期限较短，应付票据不论是否带息，一般均按面值入账。企业开出商业承兑汇票或以商业承兑汇票抵付货款、应付账款时。借记"物资采购""库存商品""应付账款""应交税金——应交增值税（进项税额）"等，贷记"应付票据"。支付银行承兑汇票的手续费时，借记"财务费用"，贷记"银行存款"。收到银行支付到期票据的付款通知时，借记"应付票据"，贷记"银行存款"。企业开出的应付票据如为带息票据，应于月份终了计算本月应付利息，借记"财务费用"，贷记本科目。票据到期支付本息时，按应付票据账面余额，借记"应付票据"，按未计的利息，借记"财务费用"，贷记"银行存款"。如果票据期限不长、利息不大，也可以于票据到期时，把利息一次性计入财务费用，不逐月计提。票据到期如果企业无能力偿付的，转作应付账款，借记"应付票据"，贷记"应付账款"。企业往来客户众多，为了加强应付票据管理，企业还应设置"应付票据备查簿"，详细登记每一应付票据的种类、号数、签发日期、到期日、票面金额、合同交易号、收款人姓名或单位名称，以及付款日期和金额等详细资料。应付票据到期付清时，应在备查簿内逐笔注销。应付票据备查簿的格式，各企业可根据需要自行设计。

(二) 应付账款

1.应付账款的含义及其确认

应付账款是指企业因购买材料、商品、其他资产或接受外界提供的劳务而发生的债务，由于交易已成立而推迟付款时间所形成。

从理论上说，凡是购进商品的所有权转移到企业时，或企业实际使用外界提供的劳务时确认应付账款，但是由于应付账款的期限一般不长，而且，收到购货发票的时间同收到货物的时间往往很接近，在实际工作中，如果货物在发票之后到达，一般是等货物验收入库后才按发票价格入账，这样处理能避免在验收入库时发现货物的数量和质量与发票不符而带来的调账的麻烦，从而简化核算。但应注意的是，如果到期末，虽收到发票但仍未收到货物，为了配比原则，应根据发票价格，借记"物资采购"，贷记"应付账款"。反过来，如果到期末，收到货物而没有收到发票时，也应对该货物进行暂估入账，借记"原材料"等，贷记"应付账款"。

2. 应付账款的计价

应付账款的入账金额按发票价格计量，但是，在购货时存在现金折扣的，目前在理论上存在两种计量方法，即总价法和净价法。

按总价法核算，应付账款是按扣除现金折扣之前的发票价格入账，如在折扣期内付款而享受的现金折扣，被视为一种理财收益。按净价法核算，应付账款是按扣除现金折扣之后的发票价格入账，如在超过折扣期付款而丧失现金折扣，作为一种理财损失处理。目前，在我国不允许企业采用净价法处理应付账款。

3. 应付账款的会计核算

企业购入材料、商品等验收入库，但货款尚未支付时，应根据有关凭证，如发票账单、随货同行发票等，按凭证上记载的实际价款，或在未取得有关凭证时，按照暂估价登记入账。借记"物资采购""原材料""库存材料""库存商品""应交税金——应交增值税（进项税额）"等，贷记"应付账款"。

企业接受供应单位提供的劳务而发生的应付未付款项，应根据供应单位的发票账单，借记"生产成本""管理费用"等，贷记"应付账款"。实际支付时，借记"应付账款"，贷记"银行存款"等。如果企业开出承兑商业汇票抵付应付账款，借记"应付账款"，贷记"应付票据"。

在购销业务过程中，购货单位也可能在购货业务发生之前先期预付一定货款。在这种情况下，为了集中反映购货业务所形成的结算关系，企业按规定预付供货单位货款时，借记"应付账款"，贷记"银行存款"等。待购货业务实际发生，材料、商品验收入库时，再根据有关发票账单的应付金额，借记"原材料""库存商品""应交税金——应交增值税（进项税额）"等，贷记"应付账款"。补付货款时，再借记"应付账款"，贷记"银行存款"等。应付账款一般在较短时间期限内应支付，但有时由于债权单位撤销或其他原因而无法支付的应付账款应作为企业的一项额外收入，将其列入营业外收入处理。

（三）预收账款

预收账款是指企业按照合同规定向购货单位或个人预先收取的款项。

企业在销售商品或提供劳务前预先向对方收取款项，通常在预收款项后的一年或超过一年的一个营业周期内交付商品或提供劳务。在企业的生产经营中，发生预收款项是很经常的事情。如企业按照规定向购货单位预收购货款、向建设单位预收工程款、预收委托单位的开发建设资金、向个人预收的购房定金以及向发包单位预收的备料款和工程款等都属于企业的预收账款。企业为了核算预收的款项的结算情况，应设置"预收账款"账户来进行预收款项的核算。当企业收取预收款项时，借记"银行存款"科目，贷记"预收账款"科目。商品产品完工交给购货单位或与建设单位结算工程价款时，借记"预收账款"科目，贷记"主营业务收入""工程结算收入"等科目。在一般情况下，企业先预收将来实际销售商品或提供劳务的价款的一部分，等企业实际发出商品或完成劳务时，再收回另一部分销售商品款或劳务款项。在进行会计处理时，为了反映业务的完整性和方便会计记账凭证的编制，企业发出商品或完成劳务时，按商品或劳务的全部价款，借记"预收账款"科目，贷记"主营业务收入"科目；再按照全部款项与预收的款项的差额，借记"银行存款"科目，贷记"预收账款"科目。

三、企业在生产过程中形成的流动负债

（一）应付工资

应付工资是指企业应付给职工的工资总额。包括在工资总额内的各种工资、奖金、津贴等，它是企业在一定时期内支付给全体职工的劳动报酬总额。不论是否在当月支付，都应通过本科目核算。不包括在工资总额内的发给职工的款项，如医药费、福利补助、退休费等，不在本科目核算。工资的结算是由财务部门根据人事部门、劳动工资部门转来的职工录用、考勤、调动、工资级别调整等情况的通知单，以及有关部门转来的带扣款项通知单编制工资单（亦称工资结算单、工资表、工资计算表等），计算各种工资。工资单的格式由企业根据实际情况自行规定。财会部门将"工资单"进行汇总，编制"工资汇总表"，按照规定手续向银行提取现金，准备支付工资。企业实际支付工资时，借记"应付工资"，贷记"现金"。从应付工资中扣还的各种款项（代垫的房租等），借记"应付工资"，贷记"其他应收款"。职工在规

定期限内未领取的工资,应由发放工资的单位及时交回财会部门,借记"现金",贷记"其他应付款"。

月份终了,应将本月应发的工资进行分配:

(1) 生产、施工、管理部门的人员(包括炊事人员)工资,借记"生产成本""管理费用",贷记"应付工资";

(2) 采购、销售费用开支的人员工资,借记"营业费用",贷记"应付工资";

(3) 应由在建工程负担的人员工资,借记"在建工程",贷记"应付工资";

(4) 应由工会经费开支的工会人员的工资,借记"其他应付款",贷记"应付工资";

(5) 应由职工福利费开支的人员工资,借记"应付福利费",贷记"应付工资"。

(二) 应付福利费

在我国,为了保障职工身体健康,改善和提高职工福利待遇,规定企业必须为职工的福利准备资金。职工福利方面的资金来源有两个渠道:一是从费用中提取;二是从税后利润中提取。从费用中提取的福利费计入"应付福利费"核算,主要用于职工的个人福利(目前我国不允许外商投资企业在税前计提福利费,外商投资企业职工的个人福利支出从税后计提的职工奖励及福利基金中列支)。从税后提取的福利费计入"盈余公积——公益金",主要用于职工的集体福利设施的建设。目前,应付福利费是按照企业应付工资总额的14%提取,其应付工资总额的构成与统计上的口径一致,不做任何扣除。应付福利费主要用于职工的医药费、医护人员的工资、医务经费、职工因工负伤赴外地就医路费、职工生活困难补助,以及职工浴室、理发室、幼儿园、托儿所等人员的工资,以及按国家规定开支的其他职工福利支出。提取职工福利费时,借记"有关费用成本"科目,贷记"应付福利费"科目。支付职工医药费、职工困难补助和其他福利费以及应付的医务、福利人员工资等,借记"应付福利费"科目,贷记"银行存款""应付工资"等科目。期末应付福利费的结余,在"资产负债表"的流动负债项目应付福利费中单独列示。

(三) 预提费用

按照权责发生制原则，企业在日常生产经营中经常要对某些费用进行预提，原因是有些费用的发生期间并不一定实际支付，在发生与支付的时间上可能会存在差异。如企业固定资产大修理费，在平时固定资产并不需要进行大修理，但实际进行大修理时支出往往比较大，而此大修理并不是由大修理当期一次性造成的，在大修理期以前各期虽然没有大修理支出，但也要确认固定资产大修理费。按期预提计入费用的金额，同时也形成一笔负债，在会计核算中设"预提费用"科目。将有关的预提费用预提入账时，借记"有关费用"科目，贷记"预提费用"科目；预提的费用实际支出时，借记"预提费用"科目，贷记"银行存款"或"现金"等科目。"预提费用"科目的期末余额一般在贷方，反映实际预提但尚未支出的费用数额。

(四) 其他应付款

其他应付款是指与企业的经营活动有直接或间接相关的应付、暂收其他单位或个人的款项。主要包括应付经营性租入固定资产和包装物的租金、存入保证金（如收取包装物押金）、职工未按时领取的工资等。这些应付、暂收款项形成了企业的流动负债，在会计核算中设置"其他应付款"科目。企业发生的上述各种应付、暂收款项，借记"银行存款""管理费用""财务费用"等科目，贷记"其他应付款"科目；支付时，借记"其他应付款"科目，贷记"银行存款"等科目。"其他应付款"科目应按应付和暂收等款项的类别和单位或个人设置明细账，进行明细分类核算。

四、企业在分配过程中形成的流动负债

在企业生产经营的各个阶段，都要向国家缴纳各种税金。企业应交的税款，在上交前暂时停留在企业，构成企业的流动负债；此外企业在许多情况下还以代理人的身份代理国家向纳税人征收某种税款，然后再上交给国家，承担代收代缴税款的义务。企业的应交税金项目很多，虽然应交所得税也在应交税金科目下核算，但是考虑应交所得税会计处理比较复杂，本书将

把它放到后面专章讲述。本节只讲述生产经营环节应缴纳的税金，包括增值税、消费税、营业税、城市维护建设税、资源税、房产税、车船使用税、土地使用税、土地增值税、固定资产投资方向调节税等，此外还应缴纳耕地占用税和印花税。后两种税是在税款发生时，便向税务部门缴纳，不形成企业的短期负债。企业除了缴纳各种税金外，还应缴纳教育费附加、车辆购置附加费等款项。企业应根据规定的计税依据、税率等有关资料计算出应纳税款，并按期向税务机关填报纳税申报表，填列纳税缴款书，由税务部门审核后，向当地代理金库的银行缴纳税款。各种税款的缴纳期限一般是根据税额的大小，由税务部门分别核定，企业逐期计算纳税，或按月预缴，年终汇算清缴，多退少补。

（一）增值税

增值税是就销售货物或提供应税劳务征税的一种税种。按照增值税暂行条例的规定，一般纳税企业购入货物或接受应税劳务支付的增值税（进项税额），可以从其销售货物或提供劳务规定收取的增值税（销项税额）中抵扣。但是，如果企业购入货物或者接受应税劳务，没有按照规定取得并保存增值税扣税凭证（如增值税专用发票），或者增值税扣税凭证上未按照规定注明增值税额及其他有关事项的，其进项税额不能从销项税额中抵扣。会计核算中，如果企业购进货物或接受应税劳务支付的增值税额不能作为进项税额扣税，其已支付的增值税就应计入购入货物或接受劳务的成本。

企业为了对应交增值税进行会计明细核算，在"应交税金"科目下设置"应交增值税"明细科目进行核算。企业在"应交增值税"明细账内，设置"进项税额""已交税金""转出未交增值税""减免税款""销项税额""出口退税""进项税额转出""出口抵免内销产品应纳税额""转出多交增值税"九个专栏。同时在"应交税金"明细科目下设"未交增值税"明细科目，期末把应交未交或多交的增值税从"应交增值税"科目转到"未交增值税"科目并按有关规定进行核算。小规模纳税人只需设置"应交增值税"明细科目，不需要在"应交增值税"科目下设置专栏。

"进项税额"专栏——记录企业购入货物或接受应税劳务而支付的、准予从销项税额中抵扣的增值税额。企业购入货物或接受应税劳务支付的进项税额，用蓝字登记；退回所购货物应冲销的进项税额，用红字登记。

"已交税金"专栏——记录企业已缴纳的增值税额。企业已缴纳的增值税额用蓝字登记；退回多交的增值税额用红字登记。

"转出未交增值税"专栏——记录企业月度终了，将应交未交的增值税额，从本科目转到未交增值税明细科目。

"减免税款"专栏——记录企业按规定减免的增值税额。

"销项税额"专栏——记录企业销售货物或提供应税劳务应收取的增值税额。企业销售货物或提供应税劳务应收取的销项税额，用蓝字登记；退回销售货物应冲销的销项税额，用红字登记。

"出口退税"专栏——记录企业出口货物，向海关办理出口报关手续后，凭出口报关单等有关凭证，向税务机关申报办理出口退税而收到退回的税款。

出口货物退回的增值税额，用蓝字登记；出口货物办理退税后发生退货或者退关而补交已退的税款，用红字登记。

"进项税额转出"专栏——记录企业的购进货物。在产品、产成品等发生非正常损失以及其他原因而不应从销项税额中抵扣，按规定转出的进项税额。

"出口抵减内销产品应纳税额"专栏——实行"免、抵、退"办法有进出口经营权的生产性企业，按规定计算的当期应予抵扣的税额计入本科目。

"转出多交的增值税"专栏——记录在月度终了，企业多交的增值税额。

"未交增值税"明细科目——月度终了，企业把本期应交未交或多交的增值税从应交增值税科目转到该明细科目，该科目的借方反映多交的增值税，贷方反映应交未交的增值税。

1.一般纳税企业购销业务的账务处理

实行增值税的一般纳税企业具有以下特点：一是企业销售货物或提供劳务可以开具增值税专用发票（或完税凭证或购进免税农产品凭证或收购废旧物资凭证，下同）；二是购入货物取得的增值税专用发票上注明的增值税额可从销项税额中抵扣；三是如果企业销售货物或者提供劳务采用销售额和销项税额合并定价方法的，按公式"销售额＝含税销售额(1+税率)"还原为不含税销售额，并按不含税销售额计算销项税额。有关购销业务的具体处

理详述如下:

国内采购的物资,按专用发票上注明的增值税,借记"应交税金——应交增值税(进项税额)"按专用发票上记载的应计入采购成本的金额,借记"物资采购""生产成本""管理费用"等,按应付和实际支付的金额,贷记"应付账款""应付票据""银行存款"等。购入物资发生退货时,做相反处理。

接受投资转入的物资,按专用发票上注明的增值税,借记"应交税金——应交增值税(进项税额)",按确定的价值,借记"原材料"等,按其在注册资本中所占有的份额,贷记"实收资本"或"股本",按其差额,贷记"资本公积"。

接受应税劳务,按专用发票上注明的增值税,借记"应交税金——应交增值税(进项税额)",按专用发票上记载的应当计入加工、修理、修配等劳务成本的金额,借记"生产成本""委托加工物资""管理费用"等,按应付或实际支付的金额,贷记"应付账款""银行存款"等。

进口货物,按海关提供的完税凭证上注明的增值税,借记"应交税金——应交增值税(进项税额)",按进口物资应计入采购成本的金额,借记"物资采购""库存商品"等,按应付或实付的金额,贷记"应付账款""银行存款"等。

销售物资或提供应税劳务,按实现的营业收入和按规定收取的增值税额,借记"应收账款""应收票据""银行存款""应收股利"等,按专用发票上注明的增值税额,贷记"应交税金——应交增值税(销项税额)",按实现的营业收入,贷记"主营业务收入"等。发生销售退回时,做相反处理。

2. 一般纳税企业购入免税产品的账务处理

企业购入免税农产品,按照增值税暂行条例规定,对农业生产者自产的农业产品、古旧图书等部分项目的销售免征增值税。企业销售免征增值税项目的货物,不能开具增值税专用发票,只能开具普通发票。企业购进免税产品,一般情况下不能扣税,但按税法规定,对于购入的免税农业产品、收购的废旧物资等可以按买价(或收购金额)的10%计算进项税额,并准予从销项税额中抵扣。这里所说的购入免税农业产品的买价,是指企业购进免税农业产品支付给农业生产者的价款和按规定代收代缴的农业特产税。在会计核算时,按购入农产品的买价和规定的税率计算的进项税额,借记"应交税金——应交增值税（进项税额）"，按买价减去按规定计算的进项税额后的差额，借记"物资采购""库存商品"等，按应付或实际支付的价款，贷记"应付账款""银行存款"等。

3. 小规模纳税企业的账务处理

增值税暂行条例将纳税人分为一般纳税人和小规模纳税人。小规模纳税人的特点：一是小规模纳税人销售货物或者提供应税劳务，一般情况下只能开具普通发票，不能开具增值税专用发票；二是小规模纳税人销售货物或者提供应税劳务，实行简易办法计税，按照销售额的6%或4%计算；三是小规模纳税人的销售额不包括其应纳税额，采用销售额和应纳税额合并定价的方法的，应按照公式"销售额=含税销售额（1+征收率）"还原为不含税销售额。

小规模纳税人和购入物资及接受劳务直接用于非应税项目或直接用于免税项目以及直接用于集体福利和个人消费的，其专用发票上注明的增值税，计入购入物资及接受劳务的成本，不通过"应交税金——应交增值税（进项税额）"科目核算。

4. 进出口货物的账务处理

企业进口货物，按照组成计税价格和规定的增值税率计算应纳税额。在会计核算时，进口货物缴纳的增值税，按海关提供的完税凭证上注明的增值税额，借记"应交税金——应交增值税（进项税额）"，按进口物资应计入采购成本的金额，借记"物资采购""库存商品"等，按应付或实际支付的金额，贷记"应付账款""银行存款"等。其具体会计处理方法与国内购进货物的处理方法相同。

我国企业出口货物实行零税率政策，不仅出口货物的销项税额为零，而且企业购入货物时的进项税额也要退回。按照增值税暂行条例规定，纳税人出口货物，向海关办理出口手续后，凭出口报关单等有关凭证，可以按月向税务机关申报办理该项出口货物的退税。具体的出口退税应按以下规定处理。

第一，实行"免、抵、退"办法，有进出口经营权的生产性企业，按规定计算的当期出口物资不予免征、抵扣的税额，计入出口物资成本，借记"主营业务成本"，贷记"应交税金——应交增值税（进项税额转出）"。按规定计算的当期应予抵扣的税额,借记"应交税金——应交增值税(出口抵减内销产品应纳税额)",贷记"应交税金——应交增值税(出口退税)"。因应抵扣的税额大于应纳税额而未全部抵扣的税款,借记"应收补贴款",贷记"应交税金——应交增值税(出口退税)";实际收到退税款时,借记"银行存款",贷记"应收补贴款"。

第二,未实行"免、抵、退"的企业,物资出口销售时,按当期出口物资应收的款项,借记"应收账款",按规定计算的应收出口退税,借记"应收补贴款",按规定计算的不予退回的税金,借记"主营业务成本",按当期出口物资实现的收入,贷记"主营业务收入",按规定计算的增值税,贷记"应交税金——应交增值税(销项税额)"。收到退回的税款时,借记"银行存款",贷记"应收补贴款"。

5. 视为销售的账务处理

按照增值税暂行条例实施细则的规定,①对于企业将货物交付他人代销,销售代销货物;②将自产或委托加工的货物用于非应税项目;③将自产、委托加工或购买的货物作为投资提供给其他单位或个体经营者;④将自产、委托加工或购买的货物分配给股东或投资者;⑤将自产、委托加工的货物用于集体福利或个人消费等行为,应视为销售货物,需计算交纳增值税,按成本转账,借记"在建工程""长期股权投资""应付福利费""营业外支出"等,贷记"应交税金——应交增值税(销项税额)""库存商品""委托加工物资"等。另外,对于视同销售货物的行为,虽然会计核算不作为销售处理,但需要按规定计算交纳增值税,对①、③、④项还需要开具增值税专用发票,计入"应交税金——应交增值税"科目中的"销项税额"专栏。

6. 不予抵扣的账务处理

按照增值税暂行条例及其实施细则的规定,不予抵扣的项目包括购进固定资产,用于非应税项目的购进货物或者应税劳务,用于免税项目的购进货物或者应税劳务,用于集体福利或者个人消费的购进货物或者应税劳务,非正常损失的购入货物,非正常损失的在产品、产成品所耗用的购进货物或者应税劳务等。对于按规定不予抵扣的进项税额的账务处理视具体情况采用不同的方法。属于购入货物时即能认定其进项税额不能抵扣的,如购进固定资产,以及购入的货物直接用于免税项目,或者直接用于非应税项目,或者直接用于集体福利和个人消费的，其增值税专用发票上注明的增值税额，记入购入货物及接受劳务的成本。

7. 上交增值税的处理

企业上交增值税时，按实际上交金额，借记"应交税金——应交增值税（已交税金）"，贷记"银行存款"科目。

8. 期末应交未交或多交增值税的处理

月度终了，将本月应交未交或多交的增值税额从"应交税金——应交增值税"账户转到"应交税金——未交增值税"账户。未交的增值税，借记"应交税金——应交增值税（转出未交增值税）"科目，贷记"应交税金——未交增值税"科目；多交的增值税，借记"应交税金——未交增值税"科目，贷记"应交税金——应交增值税（转出多交增值税）"科目。

(二) 消费税

消费税是对在我国境内生产、委托加工进口应税消费品的单位和个人征收的一种税。其目的是正确引导消费、调节消费结构。消费税实行从价定率和从量定额的办法计算应纳税额。

实行从价定率办法计算的应纳税额 = 销售额 × 税率

实行从量定额办法计算的应纳税额 = 销售数量 × 单位税额

纳税人销售的应税消费品，以外汇计算销售额的，应当按外汇市场价格折合成人民币计算应纳税额。

从价定率计算应纳税额的税销售额，是指不含增值税的销售额。如果企业应税消费品的销售额中未扣除增值税税额，或者因不能开具增值税专用发票而发生价款和增值税款合并收取的，在计算消费税时，按公式"应税消费品的销售额 = 含增值税的销售额 ÷ (1+ 增值税率或征收率)"换算为不含增值税税款的销售额。

应纳税额的销售数量是指应税消费品的数量。属于销售应税消费品的，为应税消费品的销售数量；属于自产自用应税消费品的，为应税消费品的移送使用数量；属于委托加工应税消费品的，为纳税人收回的应税消费品数量；进口的应税消费品，为海关核定的应税消费品进口征税数量。

为了进行消费税的会计核算，应在"应交税金"科目下设置"应交消费税"明细科目。下面分几种情况讲述消费税的会计核算：

(1) 销售应税消费品的会计处理

消费税实行价内征收，企业交纳的消费税计入主营业务税金及附加抵减产品主营业务收入。企业在销售应税消费品时，借记"主营业务税金及附加"等，贷记"应交税金——应交消费税"。企业把应税消费品用于福利支出、在建工程、长期股权投资等视为销售行为，企业视销售消费品的情况不同，分别借记"应付福利费""长期股权投资""固定资产""在建工程""营业外支出"等，贷记"应交税金——应交消费税"。

(2) 委托加工应税消费品的会计处理

按照税法规定，需要交纳消费税的委托加工物资，由受托方代收代交税款。其具体的会计核算分两种情况。一是委托加工的应税消费品收回后，委托方用于连续生产应税消费品的，所纳税款准予按规定抵扣。值得注意的是，这里的委托加工应税消费品，是指由委托方提供原料和主要材料，受托方只收取加工费和代垫部分辅助材料加工的应税消费品。对于由受托方提供原材料生产的应税消费品，或者受托方先将原材料卖给委托方，然后再接受加工的应税消费品，以及由受托方以委托方名义购进原材料生产的应税消费品，都不作为委托加工应税消费品，而应当按照销售自制应税消费品交纳消费税。二是委托加工的应税消费品收回后，委托方直接出售的，不再征收消费税。

在进行会计处理时，需要交纳消费税的委托加工应税消费品，于委托方提货时，由受托方代扣代交税款。受托方按应扣税款金额，借记"应收账款""银行存款"等科目，贷记"应交税金——应交消费税"科目。委托加工应税消费品收回时，直接用于销售的，委托方应将代扣代交的消费税计入委托加工的应税消费品成本，借记"委托加工物资""生产成本"等，贷记"应付账款""银行存款"等，待委托加工的应税消费品销售时，不需要再交纳消费税；委托加工的应税消费品收回后用于连续生产应税消费品，按规定准予抵扣的，委托方应按代扣代交的消费税款，借记"应交税金——应交消费税"，贷记"应付账款""银行存款"等，待用委托加工的应税消费品生产出应纳消费税的产品销售时，再交纳消费税。

(3) 进出口消费品的会计处理

需要交纳消费税的进口物资，其交纳的消费税应计入该项物资的成本，借记"固定资产""原材料""库存商品"等，贷记"银行存款"。免征消费税的出口物资应分别视情况进行会计处理：属于生产企业直接出口或通过外贸公司出口的物资，按规定直接予以免税的，可不计算应交消费税；属于委托外贸企业代理出口应税消费品的生产企业，应在计算消费税时，按应交消费税额，借记"应收账款"，贷记"应交税金——应交消费税"。应税消费品出口收到外贸企业退回的税金，借记"银行存款"，贷记"应收账款"。发生退款、退货而补交已退的消费税，做相反会计分录。

(三) 营业税

营业税是对提供应税劳务、转让无形资产或者销售不动产的单位和个人征收的一种流转税。营业税按营业额和规定的税率计算应纳税额，计算公式是

应纳税额 = 营业额 × 税率

企业应在"应交税金"科目下设置"应交营业税"明细科目进行营业税会计核算。按其营业额和规定的税率，计算应交纳的营业税，借记"主营业务税金及附加"等科目，贷记"应交税金——应交营业税"。

企业销售不动产交纳营业税时，借记"固定资产清理"科目，贷记："应交税金——应交营业税"科目核算。企业转让无形资产交纳营业税时，借记"其他业务支出"科目，贷记"应交税金——应交营业税"科目核算。

(四) 房产税、土地使用税、车船使用税和印花税

房产税是国家在城市、县城、建制镇和工矿区征收的由产权所有人缴纳的税。房产税依照房产原值一次减除10%至30%后的余额为基数，按税率的1.2%计算交纳。没有房产原值作为依据的，由房产所在地税务机关参考同类房产核定；房产出租的，以房产租金收入的12%为房产税的计税依据。

土地使用税是国家为了合理利用城镇土地、调节土地级差收入、提高土地使用效益、加强土地管理而开征的一种税。土地使用税以纳税人实际占

用的土地面积为计税依据，依照规定税额计算征收。

车船使用税由拥有并且使用车船的单位和个人交纳。车船使用税按照适用税额计算交纳。

印花税是以因从事经济活动、财产产权转移、权利许可证照的授受等书立、领受、使用应税凭证的行为为征税对象而征收的一种税。实行由纳税人根据规定自行计算应纳税额，购买并一次贴足印花税票的交纳方法。应纳税凭证包括：购销、加工承揽、建设工程承包、财产租赁、货物运输、仓储保管、借款、财产保险、技术合同或者具有合同性质的凭证；产权转移书据；营业账簿；权利、许可证照；等等。纳税人根据应纳税凭证的性质，分别按比例税率或者按件定额计算应纳税额。

企业按规定计算应交的房产税、土地使用税、车船使用税，借记"管理费用"，贷记"应交税金——应交房产税、土地使用税、车船使用税"；上交时，借记"应交税金——应交房产税、土地使用税、车船使用税"，贷记"银行存款"。

企业交纳印花税时，直接借记"管理费用"或"待摊费用"，贷记"银行存款"，不需要通过"应交税金"科目。

第三节　长期负债

一、长期负债的性质及分类

（一）长期负债的概念及性质

长期负债是指偿付期超过一年或一个营业周期的负债。长期负债除具有负债的一般特征外，还具有金额大、期限长、可以分期偿还的特征。企业为了满足生产经营的需要，特别是在企业扩展阶段，往往需要大量的长期资金。长期负债作为企业的一项义务，应流出现金或其他经济资源的结算期限较长，因而长期负债成为企业筹措资金的一种重要方式。企业筹措长期负债资金，一般多用于添置大型机器设备、购置房地产，或者改建、扩建厂房等方面。

对于企业来说通过举债来筹措长期资金，比从所有者那里获取长期资金有下列优势：

第一，作为长期负债的债权人在企业经营中不具有管理权和表决权，不会稀释大股东对企业的控制权。

第二，企业举债不会影响企业原有的股权结构，他们仅仅按照固定的利率获取利息，而不参与利润的分配。因此，不会因举债而减少每股收益率，从而影响股票的价格。

第三，长期负债的利息支出可以作为费用从税前利润中扣除。从而减少所得税的开支，享受税收的优惠，相当于国家让出一块税金帮助企业还债。而股利只能从税后利润中支付。

但是，长期负债也有其不利的一面：一是，不管企业经营得好坏，企业都将按照固定的利率向债权人支付利息，在投资报酬低于资金成本时，会减少股东股本收益率。二是，长期负债到期时一次性支付的资金数额较大，在企业资金困难时，有被债权人申请破产还债的风险。三是，在企业破产还债时，债权人与股东相比对破产资产有优先受偿权。

（二）长期负债的分类

根据企业举借长期负债形式不同，长期负债可以分为以下三类：

（1）长期借款，是指企业从银行或其他金融机构借入的，偿还期在一年（不含一年）以上的各种借款，包括人民币长期借款和外币长期借款。

（2）应付债券，亦称长期应付债券或应付公司债券，是指企业以发行债券的方式筹措资金而形成的长期负债。债券是指发行人依照法定程序发行的、承诺在一定时期内偿还本金和按照固定利率支付利息的一种债务凭证。

（3）长期应付款，核算企业除长期借款和应付债券以外的其他长期应付款项，主要包括采用补偿贸易方式引进国外设备应付的价款和融资租入固定资产应付给出租方的租赁费。

二、长期负债的核算

(一) 长期借款

长期借款主要是指企业从银行或其他金融机构借入的偿还期限在一年以上的借款。为了核算企业的长期借款，会计准则规定设置"长期借款"科目。企业在取得长期借款时，借记"银行存款"科目，贷记"长期借款"科目。因长期借款而发生的利息支出，应按照权责发生制原则按期预提。根据《企业会计准则——借款费用》准则的规定，如专项用于固定资产投资的，在固定资产购建期间进行借款费用资本化，借记"在建工程"科目，贷记"长期借款"科目。固定资产竣工交付使用后，借款利息计入财务费用。如非专项用于固定资产投资的长期借款利息，进行借款费用费用化，借记"财务费用"科目，贷记"长期借款"科目。归还本息时，借记"长期借款"科目，贷记"银行存款"科目。

(二) 应付债券

企业债券是指企业为了筹集长期使用资金而按照法定程序对外发行的、约定在一定期限内还本付息的一种书面凭证。企业债券要载明企业的名称、债券面值、票面利率、还本期限和方式、利息支付的方式、发行日期等。按照债券的发行价格与面值的大小，债券有三种发行方式，即溢价发行、平价发行和折价发行。由于债券的发行价格受票面利率和市场利率的影响，当票面利率高于市场利率时，债券的发行价格就会超过债券面值，按超过债券面值的价格发行称为溢价发行；当票面利率等于市场利率时，债券的发行价格就会等于债券面值，此时称为平价发行，也叫面值发行；当债券的票面利率低于市场利率时，债券的发行价格就会低于债券面值，称为折价发行。

为了核算企业的长期债券，企业设置"应付债券"科目，在该科目下设置"债券面值""债券溢价""债券折价"和"应计利息"四个明细科目。

1. 债券发行时的账务处理

债券按平价发行时，按实际收到的价款，借记"银行存款"；按债券的面值，贷记"应付债券——债券面值"。债券按溢价发行时，按实际收到的价款，借记"银行存款"等；按债券的面值，贷记"应付债券——债券面值"；按超过债券面值的溢价，贷记"应付债券——债券溢价"。企业按折价发行的债券，按实际收到的金额，借记"银行存款"等；按债券券面金额与实际收到金额之间的差额，借记"应付债券——债券折价"；按券面金额，贷记"应付债券——债券面值"。企业债券发行时，如果发行费用大于发行期间冻结资金的利息收入，按发行费用减去发行期间冻结资金的利息收入的差额计入财务费用。如是所筹款项用于固定资产项目的，则要按照借款费用资本化的处理原则，进行借款费用资本化，计入固定资产成本。如果发行费用小于发行期间冻结资金的利息收入，按发行期间冻结资金所产生的利息收入减去发行费用的差额，作为发行债券的溢价收入，在债券存续期间，计提利息时摊销。

2. 计息与到期还本付息时的会计处理

企业债券应按期计提利息。按面值发行债券应提的利息，借记"在建工程"或"财务费用"，贷记"应付债券——应计利息"。企业溢价或折价发行债券，其实际收到的金额与债券票面金额的差额，应在债券存续期内按实际利率法或直线法进行分期摊销。溢折价要在利息计提时进行摊销。在溢价发行的情况下，按应摊销的溢价金额，借记"应付债券——债券溢价"；按应计利息与溢价摊销额的差额，借记"在建工程"或"财务费用"；按应计利息，贷记"应付债券——应计利息"。在折价发行的情况下，按应摊销的折价金额和应计利息之和，借记"在建工程"或"财务费用"；按应摊销的折价金额，贷记"应付债券——债券折价"；按应计利息，贷记"应付债券——应计利息"。债券到期实际支付债券本息时，借记"应付债券——债券面值"和"应付债——应计利息"，贷记"银行存款"。

3. 溢价和折价的摊销

债券溢价和折价的摊销方法有两种，即直线法和实际利率法。

(1) 直线法

企业采取直线法进行溢折价的摊销，就是把债券的溢折价按照债券的期限平均分摊，每期的摊销数额相等，此方法的特点是计算比较简单。

(2) 实际利率法

企业采取实际利率法进行溢折价的摊销的，每期确认的利息费用为应付债券账面价值与实际利率的乘积,每期确认的应付利息为应付债券的面值与票面利率的乘积,每期溢折价的摊销额为每期的利息费用与应付利息的差额。采用实际利率法在计算实际利率时,要按照债券偿还利息的方式不同采用不同的公式。

①分次付息,一次还本方式:

债券面值±债券溢折价=债券到期应付本金的贴现值+各期实付的债券利息的贴现值

②到期一次还本付息方式:

债券面值 ± 债券溢折价=债券到期应付本息和的贴现值

4.可转换公司债券的会计处理

可转换公司债券是指发行人依照法定程序发行的、在一定期限内依据约定的条件转换成发行公司股份的债券。可转换公司债券的最大特点是,可转换公司债券的持有人在可转换期间具有选择权,即当该公司的股票价格较高时,可以把手中的债券转换成股票;相反,如果股价较低,就可以不行使转换权,到期收回债券的本息。因此可转换公司债券对于投资人来说具有更大的吸引力,而对于发行人来说,则减少了到期要一次性支付大量资金的困难。利用可转换公司债券筹资越来越受到企业的青睐。企业在进行可转换公司债券的会计核算时,应设置"可转换公司债券"科目。企业发行可转换公司债券时,按照发行一般的公司债券进行处理。对于可转换公司债券的计息和溢折价摊销,在可转换公司债券的持有人行使转换权利之前,应按一般公司债券的处理方法进行会计处理,按期计息并进行溢折价的摊销。当可转换公司债券的持有人行使转换权时,应按其账面价值转换,借记"可转换公司债券"科目;按转换的股份面值,贷记"股本"科目;按转换公司债券时向债券持有人支付的现金,贷记"现金"科目;按可转换公司债券的价值与转换的股份面值的差额,减去支付的现金的余额,贷记"资本公积"科目。如果可转换公司债券的持有人在可转换期间没有行使其转换权,企业应和一般债券一样到期还本付息,借记"可转换公司债券"科目,贷记"银行存款"科目。

(三) 长期应付款项

长期应付款项是指企业除长期借款和应付债券以外的其他各种长期应付款项。主要包括采用补偿贸易方式下的应付引进国外设备款和融资租入固定资产应付款等。企业对其进行会计核算时，应设置"长期应付款"科目，在该科目下设"应付引进设备款"和"应付融资租赁款"两个明细科目。

1. 应付引进设备款

企业按照补偿贸易方式引进设备时，应按设备的外币金额（包括设备及随同设备进口的工具、零配件等的价款以及国外的运杂费）和规定的折合率折合为人民币金额，借记"在建工程"，贷记"长期应付款——应付引进设备款"。企业用人民币借款支付设备的进口关税、国内运杂费和安装费时，借记"在建工程"，贷记"银行存款""长期借款"等。按补偿贸易方式引进的国外设备交付生产使用时，应将其全部价值（包括设备价款和国内费用），借记"固定资产"，贷记"在建工程"。归还引进设备款时，借记"长期应付款——应付引进设备款"，贷记"银行存款"等。随同设备购进的专用工具和零配件等，应于交付使用时，借记"原材料""低值易耗品"等，贷记"在建工程"。

2. 应付融资租赁款。

略。

(四) 专项应付款

专项应付款是指企业接受国家拨入的具有专门用途的拨款，如专项用于技术改造、技术研究等，以及从其他来源取得的款项。为了核算专项应付款，企业应设置"专项应付款"科目。在实际收到专项应付款时，借记"银行存款"，贷记"专项应付款"。拨款项目完成后，按照形成各项固定资产部分的实际成本，借记"固定资产"，贷记"银行存款""现金"等，同时，借记"专项应付款"，贷记"资本公积"。未形成固定资产需核销的部分，借记"专项应付款"，贷记有关科目。拨款项目完工后，如拨款结余需上交的，借记"专项应付款"，贷记"银行存款"。

三、借款费用

(一) 借款费用的概念

从制定有借款费用会计准则的国家以及国际会计准则来看，均对借款费用做了定义。大多数国家和地区对借款费用的定义与《国际会计准则第23号——借款费用》基本相同，即认为，"借款费用是指企业借入资金而发生的利息和其他费用。"

我国《企业会计准则——借款费用》规定，借款费用是指企业因借款而发生的利息、折价或溢价的摊销和辅助费用，以及因外币借款而发生的汇兑差额。借款费用包括短期借款费用和长期借款费用，而在本章中所讲的借款费用指的是长期借款费用，并且主要研究专门借款费用的处理。我国《企业会计准则——借款费用》准则中并没有给出专门借款费用的定义，但对专门借款进行了定义。所谓"专门借款"是指为购建固定资产而专门借入的款项。

(二) 借款费用的内容

根据我国《企业会计准则——借款费用》中借款费用的定义不难看出，借款费用包括四个方面的内容：因借款而发生的利息、发行债券的溢折价、借款过程中发生的辅助费用，以及外币借款产生的汇兑损益。准则明确指出借款费用不包括以下两项费用：

(1) 与融资租赁有关的融资费用；
(2) 房地产商品开发过程中发生的费用。

国际会计准则中关于借款费用的定义与我国的会计准则中的借款费用的定义描述基本相同，但具体包括的内容不一致，国际会计准则规定的借款费用的内容包括：

(1) 银行透支、短期借款和长期借款的利息；
(2) 与借款有关的折价或溢价的摊销；
(3) 安排借款所发生的附加费用的摊销；
(4) 依照《国际会计准则第 17 号——租赁会计》确认的与融资租赁所形成的融资费用；

(5) 作为利息费用调整的外币借款产生的汇兑差额。

由以上对借款费用的列示可以看出，我国会计准则规定的借款费用的内容要比国际会计准则规定的借款费用的内容要窄，主要是把与融资租赁有关的融资费用和房地产开发过程中发生的借款费用排除在外。下面就我国会计准则的借款费用具体内容讲述如下：

1. 因借入资金而发生的利息

因借款而发生的利息，包括企业从银行和其他金融机构等借入资金发生的利息、发行债券发生的利息，以及承担带息债务应计的利息等。

2. 发行债券而发生的折价或溢价的摊销

因借款而发生的折价或溢价主要是发行债券发生的折价或溢价。折价或溢价的摊销实质上是指对借款利息的调整，因而构成了借款费用的组成部分。企业应在借款的存续期间对折价或溢价进行分期摊销。折价或溢价的摊销，可以采用实际利率法，也可以采用直线法。

3. 与借款或债券发行有关的辅助费用

因借款而发生的辅助费用，是指企业在借款过程中发生的诸如手续费、佣金、印刷费、承诺费等。由于这些费用是因安排借款而发生的，也是借入资金的一部分代价，因而这些费用是借款费用的组成部分。

4. 因外币借款而发生的汇兑损益

因外币借款而发生的汇兑差额是指由于汇率变动而对外币借款本金及其利息的记账本位币金额产生的影响金额。由于这部分汇兑差额是与外币借款直接相关联的，因而也构成了借款费用的组成部分。

（三）借款费用的会计处理

借款费用的会计处理包括两个方面：一是借款费用的确认，就是确定一定时期的借款费用金额以及应归属何种会计要素的过程；二是借款费用的计量，就是如何来通过会计的方法和手段反映借款费用以及反映多少。

1. 借款费用确认的原则

关于借款费用的确认原则，目前国际上主要有两种不同的理论观点：一是借款费用应该资本化，计入相关资产的成本；二是借款费用应该费用化，直接计入当期损益。现就两种理论观点分别阐述如下：

第一种观点：借款费用资本化。持此观点者主张，长期负债往往是为了取得某项长期资产而借入的，其利息等借款费用与索取的资产有紧密的联系，它与构成资产成本的其他要素并无本质上的区别，如果使一项资产达到预定使用状态和场所需要相当长的时间，在此时间内因该项资产支出而发生的借款费用属于其历史成本的一部分。此外，如果将借款费用费用化，会导致还款前的各会计期间，由于巨额的借款费用而导致盈利偏少乃至亏损，而借款所购建资产往往在还款之后的相当长时间内仍然发挥作用。可见，借款费用费用化不利于正确反映各期损益。而将购置此类资产有关的借款费用资本化，则会提高企业建造（或生产）资产成本与购置资产成本（其价格考虑了借款费用）之间的可比性。如果将赞成借款费用资本化的理由进行归纳，一是符合"收入与费用配比原则"的要求；二是适应了一项资产完全成本核算的要求。

第二种观点：借款费用费用化。持此观点者主张，企业债务所发生的利息等借款费用属于筹集资金过程中发生的筹资费，与借入资金的运用无关，因而应将其计入当期损益，而不应计入购置资产的成本。如果将借款费用资本化，会使同类资产的取得成本仅仅由于筹资方式不同而产生差异：用借入资金购置资产的成本要高于用自由资金购置资产的成本，而且这种差异往往较大。这样会使资本成本缺乏可比性的支持：一方面，企业的部分资产是由带息负债筹措的；另一方面，有的资产是由权益筹措的，当负债利息资本化时，其资产的入账成本就会大于由权益筹措资产的入账成本，因为作为权益报酬支付所有者的金额不作为资本化费用。而以借款费用冲减收益即费用化，能使财务报表提供各期之间更为可比的财务成果，从而更能说明一个企业日后的现金流量。借款费用费用化使利息费用随着形成利息费用的借款水平和利率发生变动，而不是受购置资产的影响。赞成借款费用费用化的理论支持是稳健性原则。

从世界各国有关借款费用的会计准则来看，对于借款费用的确认原则的规定不是完全统一的。主要有以下几种模式：

（1）国际会计准则模式（有选择性模式）

国际会计准则委员会1984年7月发布的《国际会计准则第23号——借款费用的资本化》，规定了允许在资本化和费用化之间自由选择。国际会计准则委员会 1993 年 12 月修订的《国际会计准则第 23 号准则——借款费用》，明确指出"借款费用应于其发生的当期确认为费用"，并将这一原则作为借款费用的基准处理方法，而将借款费用资本化作为允许在一定条件下选择的方法。从国际会计准则发展历史中可以看到，关于借款费用资本化与费用化的争议由来已久。从目前的情况来看，借款费用费用化将成为新的发展趋势。马来西亚、巴基斯坦、新加坡等国家的会计准则将采用这一模式。

(2) 美国——澳大利亚模式

美国、澳大利亚、法国、德国、韩国、中国香港等地所制定的会计准则对于借款费用处理的原则是，要求对与符合资本化条件的资产直接相关的借款费用予以资本化，其他借款费用费用化。这一要求实际上是与国际会计准则中"允许选用的处理方法"相一致的。当然在对符合条件的资产的界定上，各个国家和地区国际会计准则略有不同。但借款费用的资本化仍然是许多国家和地区采用的第一种方法，同时各国和地区对借款费用的资本化对象和资本化时间等也做了不同的限制性规定。如美国要求企业对于需要一定时间才能达到预定用途的资产，将借款费用资本化作为这些资产历史成本的一部分。德国规定只有与长时间建造新设施有关的借款费用才予以资本化，并且要求借款与资本投资之间具有密切关系和合理保证该设施的未来经济效益能补偿资本化的费用。

(3) 日本模式

日本会计准则规定，如果企业所借入的款项是专门为了用于不动产的开发，则企业应将相应的借款利息予以资本化，计入该资产的成本；除此之外，其他所有的借款费用应在其发生时计入费用。因此，日本会计准则对于借款费用的处理，原则上是费用化。

(4) 我国对借款费用确认的原则

我国在《企业会计准则——借款费用》颁布实施以前，会计实务中对于与建造固定资产有关的借款费用在固定资产交付使用前予以资本化，固定资产交付以后借款费用计入当期损益。具体处理如下：

①为购建固定资产而发生的长期借款费用，在固定资产交付使用之前，计入固定资产的价值；

②为购建固定资产而发生的长期借款费用，在固定资产交付使用后，

计入当期损益;

③流动负债性质的借款费用和非为购建固定资产发生的长期借款费用,于发生时计入当期损益;

④在企业筹建期间的长期借款费用(除为购建固定资产而发生的长期借款费用外),计入企业的开办费;

⑤在企业清算期间发生的长期借款费用,计入清算损益。

在2001年我国颁布实施了《企业会计准则——借款费用》,该具体会计准则的第4条、第5条规定了借款费用处理原则:第4条规定,因专门借款而发生的利息、折价或溢价的摊销和汇兑差额,在符合本准则规定的资本化条件的情况下,应当予以资本化,计入该项资产的成本;其他借款利息、折价或溢价的摊销和汇兑差额,应当于发生当期确认为费用。第5条规定,因安排专门借款而发生的辅助费用,属于在所购建固定资产达到预定可使用状态之前的,应当在发生时予以资本化;以后发生的辅助费用应当于发生当期确认为费用。如果辅助费用的金额较小,也可以于发生当期确认为费用。因安排其他借款而发生的辅助费用应当于发生当期确认为费用。

2. 借款费用资本化金额的确定

借款费用资本化是指借款费用在企业的财务报表中作为购置某些资产的一部分历史成本。在会计实务上对如何进行借款费用资本化也存在不同的观点:一种观点认为,不管用在购建固定资产上的专门借款是多少,当期因该专门借款发生的所有借款费用均应资本化,计入购建固定资产的成本。理由是,该借款是为购建该项固定资产专门借入的,该借款在当期所发生的所有借款费用均应计入该项固定资产的成本。另一种观点认为,当期计入购建固定资产成本的借款费用,应仅仅是使用在该项固定资产上的专门借款金额所产生的借款费用,未使用的专门借款所发生的借款费用应计入当期损益。理由是,该项固定资产既然没有占用全部专门借款,也就不应承担全部借款费用。我国《企业会计准则——借款费用》采用的是后一种观点。下面我们就借款费用内容的不同分别讲述如下:

①借款利息的资本化

资本化率的计算按下列原则确定:

其一,为购建固定资产只借入一笔专门借款,资本化率为该项借款的利率；其二，为购建固定资产借入一笔以上的专门借款，资本化率为这些借款的加权平均利润率。

②折价或溢价的资本化

如果借款费用中存在折价或溢价的情况，应当将折价或溢价的每期摊销额作为利息的调整额，对资本化率做相应的调整。即计算资本化率时，用"专门借款当期实际发生的利息之和"减去当期债券溢价的摊销额或加上当期债券折价的摊销额。折价或溢价的摊销，可以采用实际利率法，也可以采用直线法。

③外币借款汇兑差额的资本化

如果专门借款为外币借款，则在应予资本化的每一会计期间，汇兑差额的资本化为当期外币专门借款本金及利息所发生的汇兑差额。即将发生的专门借款的汇兑差额全部予以资本化，无须再用公式加以计算。

④借款费用资本化的限制

我国《企业会计准则——借款费用》规定，在应予资本化的每一会计期间，利息和折价或溢价摊销的资本化金额不得超过当期专门借款实际发生的利息、折价或溢价的摊销金额。

(四) 借款费用资本化的起止时间

1. 借款费用资本化的开始

与国际会计准则和其他大多数国家或地区会计准则的规定大体相同，我国会计准则规定：以下三个条件同时具备时，因专门借款而发生的利息、折价或溢价的摊销和汇兑差额应当开始资本化：

(1) 资产支出已经发生

资产支出只包括购建固定资产而以支付现金、转移非现金资产或者承担带息债务形式发生的支出。具体来说是：

①支付现金是指用货币资金支付固定资产的购建或建造支出。如用现金、银行存款或其他货币资金等购买工程材料，用现金支付建造固定资产的职工工资等。

②转移非现金资产是指将非现金资产用于固定资产的建造与安装，如将企业自己生产的产品用于固定资产的建造，或以企业自己生产的产品向其

他企业换取用于固定资产建造所需要的物资等。

③承担带息债务是指因购买工程用材料等而带息应付款项（如带息应付票据）。企业以赊购方式从供货单位购买工程物资，由此产生的债务可能带息也可能不带息。如果是不带息债务，就不计入资产支出，因为在该债务偿付前不需要承担利息，企业不会因这部分未偿付债务承担借款费用，亦即没有任何借款费用是应当归属于这部分未偿付债务的。而对于带息债务来说，情况就不同了，由于企业要为这笔债务付出代价（承担利息），与企业用银行借款支付资产支出的性质是一样的。因此，带息债务应当作为资产支出，用以计算应予资本化的借款费用金额。

（2）借款费用已经发生

借款费用已经发生是指已经发生了购建固定资产而专门借入款项的利息、折价或溢价的摊销、辅助费用或汇兑差额。

（3）为使资产达到预定使用状态所必要的购建活动已经开始

为使资产达到预定使用状态所必要的购建活动主要是指资产的实体建造活动。开始状态是指实体购建活动已经开始，如果仅仅购置了建筑用地但未发生有关房屋建造活动就不包括在内。

2. 借款费用资本化的暂停

如果固定资产的购建活动发生非正常中断，并且中断时间连续超过3个月，应当暂停借款费用的资本化，将其确认为当期费用，直至资产的购建活动重新开始。但如果中断是使购建的固定资产达到预定可使用状态所必要的程序，则借款费用的资本化应当继续进行。

3. 借款费用资本化的停止

（1）不需要试生产或试运行的固定资产

当所购建固定资产达到预定可使用状态时，应当停止其借款费用的资本化，以后发生的借款费用应当于发生当期确认为费用。所购建固定资产达到预定可使用状态是指，资产已经达到购买方或建造方的可使用状态。具体可以从下述几个方面进行判断：①固定资产的实体建造（包括安装）工作已经全部完成或者实质上已经完成。②所购建的固定资产与设计要求或合同要求相符或基本相符，即使有极个别与设计或合同要求不相符的地方，也不影响其正常使用。③继续发生在所购建固定资产上的支出金额很少或几乎不再发生。

(2) 需要试生产或试运行的固定资产

如果所购建的固定资产需要试生产或试运行，则在试生产结果表明资产能够正常生产出合格产品时，或试运行结果表明能够正常运转，或营业时，就应当认为资产已经达到预定可使用状态。

(3) 购建固定资产部分完工的处理

购建的固定资产不是整体一次性完工，而是分部分逐步完工，有关先完工部分的借款费用资本化的停止问题，具体又要分为两种情况进行处理：一是如果所购建固定资产的各部分分别完工，每部分在其他部分继续建造过程中可供使用，并且为使该部分达到预定可使用状态所必要的购建活动实质上已经完成，则应当停止该部分资产的借款费用资本化；二是如果所购建固定资产的各部分分别完工，但必须等到整体完工后才可使用，则应当在该资产整体完工时停止借款费用的资本化。

(五) 借款费用的披露

因借款费用资本化是编制财务报表时应考虑的重要问题，所以会计报表附注中应对此予以披露。按照我国《企业会计准则——借款费用》规定，借款费用资本化披露的内容有：

1. 当期资本化的借款费用金额

当期资本化的借款费用金额是指当期已计入固定资产成本中的各项借款费用之和，即应予资本化的利息、折价或溢价的摊销、汇兑差额和辅助费用之和。如果企业当期有两项或多项固定资产同时购建，应当披露这些资产当期资本化的借款费用总额。

2. 当期用于确定资本化金额的资本化率

由于企业在某一期间内，可能存在多项专门借款和多项固定资产购建，在披露资本化率时，应按下列原则处理：

(1) 如果当期有两项或两项以上的固定资产，且各自使用的资本化率不同，应按照分项披露的原则各自披露；如果资本化率相同，可以合并披露。

(2) 如果对外提供财务报告的期间长于计算借款费用资本化金额的期间，且在计算借款费用资本化金额的各期，用于确定资本化金额的资本化率不同，应分别各期披露；如果各期计算资本化金额所使用的资本化率相同，则可以合并披露。

第四节 所有者权益

一、所有者权益的性质和构成

(一) 所有者权益的性质

所有者权益是企业所有者对企业净资产的所有权。它是财务会计的基本要素之一，在金额上表现为企业的全部资产扣除全部负债后的余额，即企业的净资产额。独资企业、合伙企业和公司的所有者权益分别称为业主权益、合伙人权益和股东权益。所有者权益和负债同属权益，都是对企业资产的要求权，企业的资产总额等于负债总额加上所有者权益总额。但是所有者权益和负债之间存在着明显的区别，概括为以下几个方面：

1. 性质不同

企业与债权人之间的经济关系一般事先具有明确的规定，债权人按事先规定的条件收取本息。所有者则依据公司的盈利情况和分红政策取得分红收入。负债是企业对债权人承担的经济责任；所有者权益是企业对所有者承担的经济责任。从这一意义上讲，只有所有者才真正承担着企业的经营风险。

2. 权利不同

作为企业负债对象的债权人与企业只有债权债务关系，既无权参与企业的经营管理，也不参与企业的利润分配；而作为所有者权益对象的投资人则有法定参与管理企业或委托他人管理企业的权利，与此相适应，所有者也享有债权人所不能享有的权利，除了可能享有较利息更高的股利收入之外，还包括未分配的净利润，即留存利润。

从"资产－负债＝所有者权益"这一会计方程式来看，所有者权益是一种剩余权益。会计计量是以一定的会计假设为前提、以一定的会计原则为依据的。在企业的整个经营过程中，物价、币值、汇率等诸多因素的频繁变动，都可能导致会计计量结果偏离实际现时的状况。所以，通过会计核算所得的所有者权益，可能是一个账面意义上的所有者权益。一旦企业停业清算，实际归所有者享有的权益，只能是全部资产的清算价值扣减全部负债的差额。亦即，所有者权益的实质是净资产的现时价值。

3. 偿还责任不同

负债有规定的偿还期限，一般要求企业按规定的利率计算并支付利息，到期偿还本金。对于债权人来说，利息收入和偿还时间较为固定，与企业的经营成果并无多大关系，承担的风险相对较小。所有者权益在企业持续经营条件下，投资者一般不能抽回投资。对于投资人来说，其投资报酬与企业的经营成果有密切的关系，投资人对企业的经营活动承担着比债权人更大的风险，同时也享受着分配企业利润的权利。

4. 偿还顺序不同

企业对债权和所有权满足的先后顺序不同，一般规定债权优先于所有权，债权是第一要求权，表现为在企业清算时，对企业的剩余资产的要求权，债权人要先于所有者。

(二) 所有者权益的构成

不同组织形式的企业，其所有者权益构成项目的名称及包含的具体内容有所差异。但不论何种形式的企业，其所有者权益的基本构成情况大体相同。通常，所有者权益都应包括投入资本、资本公积、盈余公积和未分配利润。

1. 投入资本

投入资本是指企业的投资者实际投入企业的资本，它是所有者权益的主体和基础。按其投资者的性质不同，可分为国家投资、法人投资、个人投资和外商投资等。

与投入资本密切相关的一个概念是注册资本。所谓注册资本，是指企业在设立时向工商行政管理部门登记的资本总额。在资本分次募集的情况下，在最后一次缴入资本之前，投入资本始终小于注册资本。

2. 资本公积

投入资本有确指的投资者，但有些特殊事项引起的所有者权益，可能不便归于具体的投资者，但它们又不是由于盈利而形成的。这种类型的所有者权益被称为资本公积,主要包括资本(或股本)溢价、接受捐赠财产、外币资本折算差额等。资本公积是一切所有者的共同权益。

3. 盈余公积

盈余公积是指从税后利润中提取的公积金,包括法定盈余公积金、任意盈余公积金和法定公益金。

4. 未分配利润

未分配利润是指企业实现的利润中留于以后年度分配或待分配的那部分结存利润。

二、独资及合伙企业的所有者权益

在会计核算中,不同组织形式的企业,对所有者权益的核算差别很大。按国家有关法律规定,目前我国企业组织形式有独资企业、合伙企业和公司制企业。其中独资企业、合伙企业在所有者权益方面与公司制企业相差较大,本节就独资企业和合伙企业的所有者权益及会计处理进行介绍。

(一) 独资企业的所有者权益

1. 独资企业所有者权益的特点

独资企业是由个人独立出资而形成的一种企业组织形式。它不具有独立的法律主体地位,也不是纳税主体。出资人对企业的财产和赚取的利润拥有全部支配权,对企业的债务负有无限清偿责任。

独资企业所有者权益的最大特点是不需要区分业主投资和利润积累,因为无论是业主对企业进行投资,还是业主从企业提款及进行利润分配等活动,均是业主的自主行为。

2. 独资企业所有者权益的会计处理

尽管独资企业不是独立的法律主体,但并不否认其独立会计主体地位。为此,应区别独资企业与业主个人的经济活动,业主提款必须在企业账面上得到反映。

独资企业所有者权益在"业主资本"科目中核算。该科目贷方登记业主投入资本和作为业主资本的增加的盈利;借方登记亏损和业主提款,期末贷方余额为业主权益总额。

平时发生业主提款时应先通过"业主提款"这一暂记性科目进行反映，年终结转业主资本，以便于进行业主资本状况变动分析。

(二) 合伙企业的所有者权益

1. 合伙企业及其所有者权益的特征

由于个人资本数量限制等，许多小企业由若干个投资人合伙组建，如律师事务所、会计师事务所、诊疗所等。这种合伙企业与独资企业十分类似，其差别主要在于合伙企业是由两个或两个以上的合伙人共同投资设立的，因而为了明确合伙人之间的权、责、利关系，必须订立合伙契约。在合伙契约中，需明确规定以下主要内容：损益分配原则、合伙人提款的具体规定、合伙企业解散与清算的程序等。与公司制企业相比，合伙企业主要有以下特征：

(1) 合伙企业不是独立法人。合伙的形成无须经过正式的法律程序，而是由合伙人自愿结合。法律没有赋予合伙企业法人资格。因此，合伙企业的对外事务，都应以合伙人个人的名义进行。合伙企业是依附于合伙人而存在的，属于人合企业，合伙人一般都亲自参与企业的经营与管理。

(2) 合伙人之间互为代理。除合伙契约另有规定者外，在合伙经营业务范围内，任何合伙人经办的业务，其他合伙人均应负责。每个合伙人都是其合伙组织的代理人，在正常营业范围内有权代表合伙企业签订合同，如签订购货合同、销货合同等。

(3) 合伙人对企业负债负连带无限责任。作为一般合伙人，无论其投资金额多少或占投资总额的比重多高，每个合伙人都对合伙企业的债务承担全部清偿的责任，即连带无限责任。因此，合伙应以自愿为基础。新的合伙人的加入也必须经过全体合伙人的同意。

(4) 合伙企业存在期间有限。合伙企业的形成是以合伙契约的签订为基础的。合伙人的死亡或退伙，都会宣告合伙契约终止。新的合伙人的加入，也同样宣告原合伙契约终止。作为会计主体依然遵循持续经营假设，会计记录连续进行。新的合伙契约的签订，意味着该组织已成为又一新的合伙企业了。

(5) 合伙企业的任何财产归全体合伙人共有。合伙企业成立过程中，由各合伙人投入的资金，无论在形态上是货币资产还是非货币资产，一旦投入企业，它就不属于任何一个特定的合伙人，而是归全体合伙人共有。依附于该资产的重估升值和变卖损益，也不属于任何特定的合伙人，而属于合伙企业的损益。

（6）合伙企业不需要缴纳企业所得税。由于合伙企业不是独立的纳税主体，它所实现的利润不纳企业所得税，而是作为业主个人所得，申报并缴纳个人所得税。

在所有者权益的会计处理方面，合伙企业与独资企业十分相似。合伙企业的所有者权益也不需要区分业主投资和经营赚取的利润。合伙人投入的资金，应全部作为实收资本，分记在各合伙人名下。合伙人从企业提款，将减少该合伙人在企业中的资本。另外，合伙企业的损益，应按照合伙契约中所规定的方法来分配，然后分别转入各合伙人的资本账户。

2. 合伙企业所有者权益的会计处理

如前所述，合伙企业组织与独资企业组织有很多相似之处，同样，合伙企业的会计也与独资企业会计十分类似。相当于多个独资企业的综合体，合伙企业会计必须为每一个合伙人开设一个"资本"科目（总账或明细账）和"提款"科目（总账或明细账），分别用于记录每一个合伙人的投资和提款的增减变化及余额。合伙人"提款"科目的功能类似股份公司的"股利分配"账户，记录年度内合伙人从企业提走的款项。会计年度终了，应将"提款"科目余额转到相应合伙人的"资本"科目。合伙企业的损益，在按照合伙契约规定的分配方案分配之后，将每一合伙人应享有的份额由"损益"科目结转到相应合伙人的"资本"科目。与股份公司会计不同，合伙企业会计不单独设置"留存利润"科目，而是将原始投入资本和各种原因引起的积累均合并计入"资本"科目。

合伙人除了向企业投资和从企业提款外，还可能与企业发生借贷往来。为此，应另设合伙企业与合伙人之间的往来账户。这些往来应与企业同外界的往来分开记录。在资产负债表上，它们分别列作负债类的应付款和资产类的应收款，但须与企业同外界应付、应收款项分别列示。

合伙企业成立时，合伙人即按合伙契约所规定的条款将资产投入企业。就投入资产的形式而言，可以是现金，也可以是非现金资产。此外，如果合伙人（一个或多个）原本是独资企业的业主，那么，他也可以以原独资企业的资产和负债作为入伙的投资，即以全部投入资产的原账面价值（或重估价值）与全部负债之差额作为其投入资本。因此，就应将合伙人投入的资产借记有关资产账户，将转由合伙企业承担的负债贷记有关的负债账户；同时，将资产扣除负债后的差额作为其投入的净资产而贷记该合伙人的资本账户。合伙人投入的非现金资产，应按公允市价计价，并须经全体合伙人同意。

合伙企业的损益分配不同于股份公司，均为按出资额比例分配损益。合伙企业没有固定的规定，而是取决于合伙人的契约规定。通常，合伙损益可以按各合伙人投入资本的比例分配，也可以按一个固定的约定比例分配。如果合伙契约对损益分配未做规定，通常就认为合伙损益按合伙人平均分配。另外，合伙契约也可对盈利和亏损规定不同的分配比例。但是，如果契约只规定盈利分配比例。一般就认为亏损也按照同样的比例进行分配。

合伙企业因契约期满停止经营，或由于全部转让给别人经营，或由于其他原因而经全体合伙人同意停止经营时，就需要进行清算。合伙企业清算的具体方法取决于合伙契约的规定。但一般而言，合伙企业清算的基本程序为：①出售合伙企业的全部非现金资产，使之变现；②将资产处置损益按规定的损益分配率在各合伙人之间进行分配，并转入各合伙人资本账户；③清偿所有债务；④将清偿债务后所余现金按各合伙人资本账户余额比例进行分配。

三、公司制企业实收资本的核算

公司是现代西方社会典型的企业组织形态。尤其是经营规模较大的企业，多采取公司的形式。公司企业按照出资人即股东所负责任的不同，分为有限责任公司和股份有限公司等多种形式。其中，股份有限公司又是被广泛推崇的公司形式。

根据我国《公司法》的规定，我国的公司组织形式是指在中国境内设立的有限责任公司和股份有限公司。同时规定，国家授权投资的机构或者国家授权的部门可以单独投资设立国有独资的有限责任公司。这也是适合我国国情而产生的一种特殊的企业组织形式。因此，我国的公司组织可以分为国有独资公司、有限责任公司和股份有限公司3种形式。

(一)实收资本的形式及计价

实收资本是指投资人作为资本投入到企业中的各种资产的价值。拥有一定量的资本是任何一个企业法人设立并开展其经营活动的前提。这些资本主要是由企业的投资者投入资本所形成的,在一般情况下无须偿还,可供企业长期周转使用。我国目前实行的是注册资本制度,要求企业的实收资本与其注册资本相一致。企业法人登记管理条例明确规定,除国家另有规定外,企业的注册资本应当与实有资金相一致。企业实有资金比注册资金数额增减超过20%时,应持资金使用证明或者验资证明,向原登记机关申请变更登记。企业不得擅自改变注册资金数额,也不得抽逃资金等。

投资者可以采用国家法律许可的各种形式向企业投资。在我国,投资者投入资本可以采取以下各种形式:

(1)以货币资金出资;

(2)以实物资产和有价证券投资;

(3)以无形资产投资。

根据《企业会计准则》规定,投资者投入的资本应按实际投资数额计价入账。不同的投资形式,其实际投资数额的确定并不完全相同。具体而言,投资者以货币资金投入,则可以以实际收到或者存入企业开户银行的金额作为实收资本入账。若投资者以固定资产和流动资产等实物资产或无形资产投入,应先对投资的实物或无形资产等按照法律、法规的规定进行评估,再按资产评估确认后的价值入账。

(二)国有独资公司的投入资本

国有独资公司是指国家授权投资的机构或者国家授权的部门单独投资设立的有限责任公司。在我国,国务院确定的生产特殊产品的公司或者属于特定行业的公司,应当采用国有独资形式。这类公司的所有者是单一的,即为国家所有。目前我国多数国有独资公司是由原来的国营企业改制而成。在会计核算时,单独把国有独资公司作为一种类型,是因为这类企业在组建时,所有者投入的资金,全部作为实收资本入账,投资者为单一投资者,也不会在追加投资时,为维持一定的投资比例而产生资本公积,也不会像股份有限公司那样发行股票产生股票溢价。

为了总括反映国家授权投资的机构或部门单位向国有独资公司投入资本的增减情况，应设置"实收资本"科目，该科目的贷方反映公司实际收到国家有关机构或部门单位投入公司的各种资产的价值；借方反映按规定程序减少注册资本的数额；期末贷方余额，反映代表国家投资的机构或部门单位实际投入的资金。

(三) 有限责任公司的投入资本

有限责任公司(简称有限公司)，是指由两个以上股东共同出资，每个股东以其所认缴的出资额对公司承担有限责任，公司以其全部资产对其债务承担责任的企业法人。有限责任公司股东的出资额，由股东协商确定。公司开办验资时，股东一次缴足全部资本，不允许分期缴款或向外招募。股东向公司出资股金，必须是现金或其他财产，一般不能以信用、劳务等出资。公司盈利，按章程规定的办法，通常实行按出资额在股东间分配。主要特征是：①公司不发行股票，资本由股东协商确定。除股东死亡，股东为经济法人企业破产的情况下，并经股东一致同意才能转让外，一般不允许在证券市场上出售。②设立程序比较简便，由两人或两人以上发起，股东缴足股金，依法便可成立，而且也不必公开它的营业报告，公司账目对外不公开。③股东可作为雇员参加管理，不一定设立股东会，内部组织机构设置灵活简便。④股东对公司的责任，以各自认缴的出资额为限，公司以其全部资产对其债务承担责任。股东按其注册资本比例分享利润，分担风险，自负亏损。⑤股东人数少。

有限责任公司投入资本的会计核算与国有独资公司一样，也要通过设置"实收资本"账户进行，所不同的是，首先，有限责任公司的股东不是一个，因而需要按出资股东设置明细账，分别反映各个股东的投入资本情况。其次，有限责任公司的股东投入的资本还应按不同情况进行处理，有限责任公司新设时，股东按照合同、章程投入公司的资本，应全部记入"实收资本"科目，实收资本应等于公司的注册资本。在有限责任公司增资扩股时，如有新投资者介入，新投资者缴纳的出资额大于按约定比例计算的在公司注册资本中所占的份额部分，应作为资本溢价，记入"资本公积"科目。

股东可按照法律规定的出资形式出资,可以货币资金、实物资产出资,也可以无形资产出资。当收到股东货币资金出资时,应借记"银行存款""现金"等,贷记"实收资本——××股东";若投入的金额超过占注册资本比例的部分,应贷记"资本公积——资本溢价"。当收到股东以固定资产或流动资产等实物出资时,应借记"固定资产""原材料"等,贷记"实收资本——××股东"等。当收到股东以工业产权等无形资产出资时,应按该项无形资产的投资作价,借记"无形资产",贷记"实收资本——××股东"等。

(四)股份有限公司的投入资本

股份有限公司(简称股份公司)是指全部资本由等额股份构成并通过发行股票筹集资本,股东以其所持股份对公司承担有限责任,公司以其全部资产对公司债务承担责任的企业法人。它产生于17世纪初期的欧洲,19世纪后期广泛流行于各国。其一般特征是:①股份公司是法人;②股东人数不得少于法定数目;③资本总额平分为金额相等的股份,并发行股票,股利按普通股、优先股分配;④股票可以在社会上公开出售,但不能退股;⑤股东只以其所认购的股份额对公司的债务承担责任,一旦公司破产或解散进行清算时,公司的债权人只能对公司的资产提出要求,而无权直接向股东起诉;⑥账目公开;⑦股东按其持股比例享受权利,承担义务,每股有一票表决权,同股同权,同股同利;⑧公司章程规范,不仅有强制性,而且带有比较严格的制裁措施。

有限公司与有限责任公司的主要区别是:有限公司的全部资本不分为等额股份;公司向股东签发出资证明而不发行股票;公司股东转让出资,需经股东会讨论通过;股东人数限制在2个以上50个以下;股份公司的全部资本划分为等额股份;以发行股票方式筹集资本;股票可以交易或转让;股东数有下限,没有上限。

在会计核算上,股份公司应设置"股本"科目,用以核算股东投入公司的股本,并将核定的股本总额、股份总数、每股面值,在股本账户中做备查登记。为了反映公司股份的构成情况,应在"股本"科目下,按股票种类及股东单位或姓名设置明细科目。公司在核定的股本总额范围内,发行股票取得的相当于股票面值的部分，应计入"股本"科目；发行股票取得的超过股票面值的部分（溢价），在扣除发行手续费、佣金等发行费用后，计入"资本公积"科目。

若无溢价，或溢价不足以支付发行费用的部分，计入长期待摊费用，分期摊入成本费用。

境外上市公司以及在境内发行外资股的公司，按确定的人民币股票面值和核定的股份总额的乘积计算的金额，作为股本入账，按收到股款当日的汇率折合的人民币金额与按人民币计算的股票面值总额的差额，作为资本公积处理。

（五）实收资本的增减变动的核算

一般情况下，企业的实收资本应相对固定不变，但在某些特定情况下，实收资本也可能发生增减变化。企业法人登记管理条例中规定，除国家另有规定外，企业的注册资本应当与实有资本相一致。该条例还规定，企业法人实有资本比原注册资本数额增加或减少超过20%时，应持资金证明或者验资证明，向原登记机关申请变更登记。这表明，企业的实收资本，一般情况下不得随意增减，如有必要增减，首先应具备一定的条件。

1. 实收资本增加的核算

公司增加注册资本需要经过股东会议代表有三分之二以上表决权的股东通过，并修改公司章程。一般企业增加资本的途径主要有三条：第一，资本公积转增为实收资本。会计核算应借记"资本公积"，贷记"实收资本"。第二，盈余公积转增为实收资本，会计核算借记"盈余公积"，贷记"实收资本"。将资本公积、盈余公积转增为实收资本时应按股东持有的股份比例增加各股东的股权，国有独资企业可直接结转。第三，投资者追加投资。这里的投资者包括原投资和新投资者，企业应在收到投资者投入的资金时，借记"银行存款"
"固定资产""原材料"等，贷记"实收资本"等。

股份公司可以以发放股票股利的方法实现增资。股票上市公司多采用这种方式。

2. 实收资本减少的核算

减少注册资本需要满足下列条件：①企业减资，应事先征得债权人同意；②经股东会决议同意，并修改公司章程；③减资后的注册资本不得低于法定注册资本的最低限额。

实收资本减少有两种情况：一是资本过剩；二是企业发生重大亏损。企业因资本过剩而减资，按发还股东的数额，借记"实收资本"，贷记"银行存款"；企业因严重亏损而减资，借记"实收资本"，贷记"利润分配——未分配利润"。

从理论上说，实收资本与未分配利润都是所有者权益，这样调整并不影响所有者权益总额，但是按照无利不分的规定，企业若有未弥补亏损，不得分发股利。企业发生的亏损，短期内如果不能以利润、盈余公积金弥补，即使以后有了利润也不得分发股利。企业长期不发股利，会动摇投资者的信心，因此用实收资本弥补亏损后，企业可以轻装上阵全力以赴进行经营以求发展。

股份有限公司为了减少其资本，经有关机构批准可以回购本公司的股票，但购回的股票应在10日内注销。由于采用的是发行股票的方式筹集股本，发还股款时，则要回购发行的股票，发行股票的价格与股票面值可能不同，回购股票的价格也可能与发行价格不同，对此会计核算方法有两种：成本法和面值法。在会计实务中，成本法的应用较为普遍。我国规定用成本法对购回股票进行处理。收购本企业股票时，应按面值注销股本。超出面值付出的价格，可区别情况处理：收购的股票凡属溢价发行的，则首先冲销溢价收入；不足部分，凡提有盈余公积的，冲销盈余公积；如盈余公积仍不足以支付收购款的，冲销未分配利润。凡属面值发行的，直接冲销盈余公积、未分配利润；已购回股本金额低于面值的部分，应增加超面值缴入股本，即资本公积金。

库存（藏）股票：股份公司已发行的股票，其中有一部分以后可能由于公司的重新购回或其他原因（如股东捐赠）而由公司自己持有，这种不是为了注销目的而由公司重新取得并持有的股票，称为库存股票。从已发行股份中扣除库存股份，才是当时仍由股东持有的股份。库存股票不是资产，因为公司自己不能投资自己，公司不能通过购买自己的股票确认利得或损失。因此，库存股票视为公司股东权益的减少。库存股票没有投票权，没有优先认股权，也没有利润分配权和财产清算权，但参与股票的分拆。股份公司拥有库存股票，主要是为了：①满足雇员报酬合同的需要；②为应付可能潜在的被收购兼并之需；③减少外发股份以提高每股盈余；④影响公司股票交易活动及股价；⑤满足日后可能的吸收合并所需；⑥合同规定。

在我国，《公司法》规定，公司除因减少资本而注销股份或者与持有本公司股票的其他公司合并外，不得收购本公司的股票，因此在我国，对股东权益的会计处理中不会出现库存股票的问题。

四、资本公积

资本公积是指所有者所共有的、非收益转化而形成的资本，是公司所有者权益的重要组成部分。资本公积由全体股东享有；资本公积在转增资本时，按各个股东在实收资本中所占的投资比例计算的金额，分别转增各个股东的股本金额。资本公积与盈余公积不同，盈余公积是从净利润中取得的，而资本公积的形成有其特定的来源，与企业的净利润无关。

在我国，资本公积的内容主要包括资本溢价和股本溢价、接受捐赠资产、外币资本折算差额等。资本公积有其不同的来源，企业应当根据资本公积形成的来源，分别进行账务处理。会计核算上应设置"资本公积"科目，用以反映资本公积的增减变动情况。增加资本公积贷记本账户，减少资本公积借记本科目。余额在贷方，表示企业拥有的资本公积。该科目一般应设置以下明细科目：

（1）"资本公积——股本溢价"，核算和反映企业实际收到的股本大于注册资本的金额。

（2）"资本公积——接受现金捐赠"，核算和反映企业接受的现金捐赠。

（3）"资本公积——接受捐赠非现金资产准备"，核算和反映企业接受非现金资产捐赠的价值，扣除未来应交所得税后的余额，在未转入"资本公积——其他资本公积"明细科目前计入资本公积的准备金额。

（4）"资本公积——股权投资准备"，核算和反映企业对被投资单位的长期股权投资采用权益法核算时，因被投资单位接受资产捐赠等原因增加的资本公积，企业按其持股比例计算而增加的、未转入"资本公积——其他资本公积"前所形成的股权投资准备。采用权益法核算时,被投资单位资本公积中形成的股权投资准备,企业按其持股比例计算的部分,也在本明细科目核算。

(5)"资本公积——拨款转入",核算和反映企业收到国家拨入的专门用于技术改造、技术研究等的拨款项目完成后,按规定转入资本公积的部分。

(6)"资本公积——外币资本折算差额",核算和反映企业接受外币投资因所采用的汇率不同而产生的资本折算差额。

(7)"资本公积——其他资本公积",核算和反映企业除上述各项资本公积以外所形成的资本公积,以及从资本公积准备项目转入的金额。债务重组时,由债权人豁免的债务,以及确实无法支付的应付款项,也在本明细科目核算。

上述资本公积明细科目中的各种明细科目,如股权投资准备、接受捐赠资产准备等,是所有者权益的一种准备,在未实现前,即在未转入"资本公积—其他资本公积"明细科目前,不得用于转增资本(或股本)。

(一)资本溢价或股本溢价

资本溢价是指股东缴付的出资额大于注册资本而产生的差额。股东的出资额决定了该出资者在企业中应享有的权利和承担的义务。为了明确记录股东认缴的出资额,真实反映各股东对企业享有的权利和义务,公司设置了"实收资本"科目,核算投资者按照合同、协议或公司章程所规定的出资比例实际缴付的出资额。若股东实际的出资额大于这一规定的出资比例,为维护各股东的权益,这一差额作为资本公积处理。

资本溢价通常发生在企业追加新的投资(包括新的投资者加入和原有投资者按与以往不同的比例增资)而使原有资本比例发生变化的情况下。这是因为,企业创立之初,要经过筹建、试生产经营、为产品寻找市场、开拓市场等过程,从而投入的资金需要承担较大的风险和费用,其利润率通常也较低。企业正常经营后,通常经营风险降低,利润率提高。另外,企业经过一段时期的经营之后,利润积累增加了所有者权益,但并未转增资本。鉴于以上原因,新加入的资本欲与原有资本获得同样的权利,必须对原有资本提供补偿,新加入的投资者要付出大于原有投资者的出资额,才能取得与原投资者相同的投资比例，这就是资本溢价。

上市公司配股或增发新股：上市公司的股东以其所拥有的其他企业的全部或部分股权作为配股资金，或作为认购新股的股款的，上市公司所接受的股权，应按照配股或增发新股所确定的价格，确认为初始股权投资成本，按照该股东配股或增发新股所享有的股份面值总额作为股本，其差额作为资本公积（股本溢价）；上市公司的股东以实物资产和可辨认的无形资产作为配股资金，或作为认购新股股款的，上市公司所接受的实物资产和可辨认的无形资产，应当按照配股或增发新股所确定的价格作为其接受资产的成本，按照该股东配股或增发新股所享有的股份面值总额作为股本，其差额作为资本公积（股本溢价）。

(二) 接受捐赠资产

接受捐赠是指企业接受捐赠人捐赠的资产。捐赠是捐赠人对企业的援助行为，但由于捐赠人援助后并不一定谋求对企业的资产请求权，也不会由于其捐赠资产行为对企业承担责任。所以捐赠人不是企业的股东，这种援助也不形成企业的实收资本。但这种援助会使企业的经济资源增加。我国《企业会计准则》规定，企业接受捐赠的资产价值作为资本公积，为所有者所共有，属于所有者权益，会计上计入"资本公积"账户。

接受捐赠的资产可以分为现金资产和非现金资产两部分。接受非现金资产捐赠，因其待处置时要缴纳所得税，因此，在所接受的非现金资产尚未处置前所形成的资本公积作为资本公积的准备项目。另外，从会计核算角度考虑，在企业持续经营情况下，在接受捐赠非现金资产时，如接受固定资产、原材料等捐赠时，没有实际的货币流入，这时可将捐赠视为一种投资行为，将接受捐赠的实物资产价值扣除未来应交所得税后的差额暂记在"资本公积——受捐赠非现金资产准备"科目中；在处置该项捐赠的实物资产或使用时，由于该项资产上的所有收益已经实现，应将原记"资本公积——接受捐赠非现金资产准备"科目的金额转入"资本公积——其他资本公积"科目。

如果企业接受货币性捐赠，应将接受捐赠的货币性捐赠资产扣除应交所得税后的余额直接计入"资本公积——接受现金捐赠"科目。

第五章 财务会计负债及所有者权益管理分析

(三) 股权投资准备

股权投资准备,是企业对被投资单位的长期股权投资采用权益法核算时,因被投资单位接受资产捐赠等原因增加的资本公积,企业按其持股比例计算而增加的资本公积。它是未转入"资本公积—其他资本公积"前所形成的股权投资准备。采用权益法核算时,被投资单位资本公积中形成的股权投资准备,企业按其持股比例计算的部分,也在本明细科目核算。

企业采用权益法核算长期股权投资时,长期投资的账面价值财务会计将随着被投资单位所有者权益的增减而增加或减少,以使长期股权投资的账面价值与应享有被投资单位所有者权益的份额基本保持一致。因此,被投资单位接受资产捐赠等形成的属于准备性质的资本公积,企业应按其持股比例计算应享有的份额,增加长期股权投资和资本公积的准备项目,待处置长期股权投资时,再将其余额转入"资本公积——其他资本公积"明细科目。

(四) 拨款转入

拨款转入,是国家对某些国有企业拨入的专项用于技术改造、技术研究等项目的拨款。在该拨款项目完成后,形成资产的拨款部分,转作资本公积。在我国,国家对某些行业或企业拨出专款,专门用于企业的技术改造、技术研究等项目,在收到拨款时,暂作长期负债处理。待该项目完成后,属于费用而按规定予以核销的部分,直接冲减长期负债;属于形成资产价值的部分,从理论上讲应视为国家的投资,增加国家资本,但因增加资本需要经过一定的程序。因此,暂计资本公积,待转增资本时再减少资本公积。在未转增资本公积前,形成资本公积的一项来源。

(五) 外币资本折算差额

外币资本折算差额是指企业接受外币投资时,外币资产采用不同折合汇率产生的差额。在我国,企业通常以人民币为记账本位币,在收到外币资产时需要将外币资产价值折合为人民币记账。在将外币资产折合为人民币记账时,其折合汇率按以下原则确定:

(1) 对于各项外币资产账户,一律按收到出资额当日的汇率折合。

（2）对于实收资本账户，合同约定汇率的，按合同约定的汇率折合；合同没有约定汇率的，按收到出资额当日的汇率折合。由于有关资产账户与实收资本账户所采用的折合汇率不同而产生的人民币差额，作资本公积处理。企业收到投资者投入的外币资产，按收到出资额当日的汇率折合的人民币金额，借记有关资产科目，按合同约定汇率或按收到出资额当日的汇率折合的人民币金额，贷记"实收资本"，按收到出资额当日的汇率折合的人民币金额与按合同约定汇率折合的人民币金额之间的差额，借记或贷记"资本公积——外币资本折算"。

第六章 财务会计人员管理制度分析

第一节 会计制度的对象、要素与目标

任何一项制度的设立、修订，都有其特定的目标。一般来说，目标有目的、标的、对象之意。会计制度的目标是指设立、修订会计制度的目的，是人们主观上依据会计制度的功能，对实施会计制度效果的一种预期。[①]可以说，会计制度的功能是其本身所具有的能力，是一种客观形态；会计制度的目标是人们运用、实施会计制度所要达到的目的，是主观上的一种有客观依据的要求。不同环境下会计制度的目标可能有所不同，但明确会计制度的对象、确立会计制度的要素，是确立相应会计制度目标的前提。因为对象是客体，决定了会计制度的规范范围；要素是手段，也是会计制度的基本构成要件，决定了会计制度的规范技术，是联结客体（对象）与主体（目标）的纽带或桥梁。以下试图通过对会计制度对象和要素的分析，进一步探讨会计制度目标的确立问题。

一、研究会计制度的意义

由于我国会计制度的多变性及常变性，加大了这一问题的研究难度，但又是摆在我们面前的一系列深刻的理论问题，也是一个迫切的现实问题。其研究意义主要表现在以下五个方面：

（一）深化会计制度的理论研究，优化我国的会计规范体系

会计制度作为我国会计规范体系中的重要组成部分，在我国社会主义现代化建设过程中发挥了非常重要的、不可替代的作用，受到社会各界乃至中央政府的高度关注。

---

① 邢云立. 政府会计制度模式的选择与优化 [J]. 海峡科技与产业，2022，35(1)：72-74.

虽然会计制度在人们心目中占有非常重要的位置，会计理论界产出了许多研究成果，实务界总结了大量的工作经验，政府也出台了一系列有关政策法规，但大多侧重于会计制度的实务操作，只是近10年由于会计制度与会计准则的并行以及伴随我国加入WTO，关于会计制度方面的理论问题才逐步引起人们的关注，而主要焦点仍是会计制度与会计准则的关系、会计制度的国际协调等问题，很少见到系统研究会计制度理论的论著。人们只关心会计规范的理论与实务，而较少涉猎会计制度理论领域，这未尝不是一种缺憾。实际上，会计制度是会计规范体系中最接近于实务、最富于操作性的一个层面，在会计规范中具有非常重要的作用，因此研究会计制度的理论问题也是研究会计规范理论的重要组成部分，对于深化会计规范研究、优化会计规范体系无疑是不可或缺的。

(二) 探讨会计制度的理论基础，构建会计制度的理论体系

任何学科的建立和发展都离不开相关理论基础的支持。会计制度作为上层建筑，对于会计实务有着直接、具体、全面的规范作用，缺乏理论指导的会计制度对于其建设和应用将产生不利的影响，而研究会计制度理论必然涉及会计制度的理论基础，这一理论基础的确立是构筑会计制度理论体系的根基所在，不仅有助于推动会计制度的研究，而且有利于会计理论的完善。

(三) 认识会计制度的性质特征，发挥会计制度的功能作用

特征是一事物区别于他事物的独特之处，相对于不同的比较对象，事物会表现出不同的特征，并在不同角度考察具有不同的功能作用。研究会计制度的特征，一方面可以从不同角度加深对会计制度的认识和理解，更全面地把握会计制度，另一方面可以从中发现和总结会计制度的功能作用，为开发会计制度在微观经济管理和宏观经济管理中的潜能提供新的角度和思路。

(四) 分析会计制度的环境约束，指导会计制度的运行操作

任何事物都是特定时空中的事物，并随着时空的变化而适时变化，会计制度也是如此。环境对事物的影响作用是人所共知的，达尔文的"生物进化"论探究了动物进化与环境的密切关系，爱因斯坦的"相对论"则论证了

物体在不同时空条件下的性质，而马克思主义哲学中"社会存在决定社会意识""生产力决定生产关系、经济基础决定上层建筑"等理论，则揭示了人类社会的基本发展规律，如此等等，足见环境研究的重要性。会计制度的研究同样不能回避环境的研究，这一研究不仅是构建会计制度理论的需要，同时有助于指导会计制度的实际操作，提高会计制度运行的有效性。

(五) 探究会计制度的演进规律，完善我国的会计制度建设

研究会计制度的目的不是就理论谈理论，而是旨在通过对会计制度理论的梳理，增强对会计制度的理性认识，总结会计制度的演进规律，进而完善我国会计制度建设。

二、会计制度的对象

一般认为，会计（这里指财务会计，下同）的对象是指会计所要反映和监督的内容。应该说，这一类概念并没有指出会计对象的本质，对象与内容并不是同义词。对象是指"观察、思考或行动是作为目标的客体"，内容是构成事物一切要素的总和。从内涵与外延的关系看，对象是内涵，内容是外延，是对象的具体展开边界。因此，会计对象应该是会计所反映和监督的客体，会计内容是会计对象的展开和具体化。如果将会计的对象确定为资金运动，那么会计的内容就是资金运动的具体化，即会计对象的要素。由于不同性质单位的资金运动的内容和特点各异，进而产生了不同的会计分支，如营利组织会计与非营利组织会计，或企业会计、行政单位会计、事业单位会计、社会团体会计等，企业会计中又有工业会计、农业会计、商品流通业会计、交通运输业会计等。因此，会计对象可以分为一般会计对象和特殊会计对象两类，同样，会计制度的对象也可以类比分析、界定。

(一) 会计制度的一般对象

研究会计制度的对象，必然涉及会计的对象，而一般意义上的会计对象恰恰是会计核算对象，与我们这里的研究范围正好一致，因而二者具有极高的关联度，研究会计对象一方面是研究会计制度对象的基础，另一方面通过会计制度对象的研究，也可以从另一个角度验证和深化对会计对象的认识。

(1)会计的对象。由于事物的研究对象决定了该事物的研究内容,会计对象的确定决定了会计的研究内容,因此会计对象一直是中华人民共和国成立以来会计理论研究的热点问题之一,并形成了诸多观点。主要包括:

①财产论。认为"社会主义会计核算的对象是在各级企业、机关和组织中所进行的以货币估价的社会主义财产的变动,反映着有计划的社会主义物资资料的扩大再生产过程。""会计对象还是提'在企业、事业、机关等单位中能够用货币表现的社会主义再生产过程及社会主义财产'较好。"

②劳动量论。认为"社会主义会计核算的对象是在社会主义扩大再生产过程中一切事物的劳动量。"

③资金运动论。认为"社会主义会计核算的对象,也可称为社会主义资金及资金运动。资金运动包括两种运动的形式,即企业中的资金周转喜欢和事业中的资金收支形式。由于对象中的资金,系静态方面,资金运动,系动态方面,所以社会主义会计核算的对象,也可概括地认作社会主义资金的静态和动态。""资金运动是会计的对象,也是一切会计原理的基础。会计的精神实质在于有意识地反映资金运动。"更全面、系统的解释是:"只要商品货币经济存在,作为统一整体的社会主义扩大再生产过程中的一切产品,就都可以用也必须用货币表现,因而整个社会主义扩大再生产过程就客观存在着资金的运动,即资金的生产、分配、流通和消费。我认为,这就是社会主义会计的对象。"也有人将会计对象界定为"价值(增值)运动能够用货币表现的数量方面。"实际上也是资金运动的观点。

④价值论。认为"凡是有生产就要进行计量计数,会计总是伴随着生产的产生而产生的。而且经过人类长期的实践,凡是牵涉到价值量的计算都由会计来完成,会计的对象可以被认为是:经济活动过程中能够用价值量来表示的方面。"

⑤经济活动论。认为"社会主义会计的对象就是企业、事业、机关等单位在再生产过程中的经济活动。"

任何企业、事业、行政单位的经济活动都是动态的,并存在不同的循环方式,在社会主义阶段仍然是商品货币经济,会计的对象也应反映这方面的特点。上述观点中,"财产论"虽然也反映了动态特征和货币计量的特征，但以"社会主义再生产过程"为范围，显然过于宽泛，会计无力反映宏观国民经济的"生产、交换、分配和消费"这一再生产过程的全部，只能是微观企业单位的再生产过程，事业、行政单位则不存在再生产过程，尤其以"财产"作为会计对象的落脚点，显得更加狭窄，更具静态含义。"劳动量论"虽然涵盖面较广，但脱离了社会主义的客观现实，否定了商品货币经济的存在，自然无法操作也难以被人们所接受。"价值论"则更加宽泛地将经济活动中所有能够以价值计量的方面均作为会计对象，涵盖了宏观、微观各个方面，无法排除财政、税收、物价、金融、保险等非会计领域，侵占了其他学科的领地，有失客观。而"经济活动论"虽然限定在微观范畴，但"经济活动"包括货币计量和非货币计量两个方面，非货币计量不能构成会计的对象。同其他观点比较，"资金运动论"具有较多的优点。在这一观点下，将资金运动分为静态和动态两种形式。在静态形式中，将资金的占用形态以资产表示，将资金的来源渠道以负债和所有者权益（基金）表示，出现了"资金来源＝资金占用"或"资产＝负债＋所有者权益"的会计等式，奠定了资产负债表或资金平衡表的基础；在动态形式中，涵盖了资金投入企业、资金的循环与周转、资金退出企业等环节，出现了"收入－费用＝利润"的会计等式，奠定了利润表、利润分配表、现金流量表的基础；其次，资金可以分为本金和基金两个部分，其中本金是各类经济组织、个人为进行生产经营活动所垫支的资金，具有垫支性、补偿性、增值性和周转性等特征，基金是国家行政组织和各类事业单位、社会团体等非企业化单位为实现其有关职能而筹集和运用的资金，具有收支的一次性、非增值性等特征，具有较强的理论性和操作性，由此较好地区分了营利组织会计和非营利组织会计，在我国形成了相互并行的企业会计体系和预算会计体系。正因为"资金运动论"的这些明显的暂时尚无法替代的优点，得到了会计学界的基本认同和应用。

（2）会计制度的对象。会计制度的概念不同，会计制度的对象界定也不同。就笔者所掌握的文献来看，讨论会计制度（设计）对象的十分罕见，只在《企业会计制度设计》一书中谈及会计制度的设计对象时，将其确定为会计核算、会计监督、会计机构和会计人员的设置、成本费用管理、会计工作管理六个方面。一方面，这里没有区分会计制度一般对象和特殊对象，而是以内容取代对象；另一方面，该书持广义会计制度观，但在论及会计制度对象时又将会计法排除在外,似有矛盾之处。

更重要的是,究竟什么是会计制度的对象?即什么是会计制度的客体?由于"制度"作为某种(方面)行为规则,其客体应该是"行为规则",那么会计制度的对象就是核算和监督资金运动的行为规则。广义会计制度的对象,是与会计信息有关的一切行为规则,例如,《会计法》是"规范会计行为,保证会计资料真实、完整,加强经济管理和财务管理,提高经济效益,维护社会主义市场经济秩序"方面的规则,包括会计核算的规则、会计监督的规则、会计机构和会计人员设置的规则、对违反会计法规定行为(也包括单位负责人)的处罚规则等;就笔者的狭义会计制度观来看,会计制度的对象是有关会计核算的行为规则,其主体是有关会计确认、计量、记录和报告等行为规则。由于不同性质单位的资金运动具有不同的特点,其会计制度也具有不同的具体规范对象,由此形成了会计制度的特殊对象。

(二) 会计制度的特殊对象

(1) 营利组织会计制度的对象。由于营利组织会计对象是资金运动,具有垫支性、补偿性、增值性、周转性等特征,因而与非营利组织会计制度比较,其会计制度所规范的会计行为规则更具有完整性、循环性。下面以工业企业为例作以分析。

我们知道,工业企业是从事工业产品生产和销售的营利性的经济组织。为了从事产品的生产与销售活动,企业必须拥有一定数量和结构的资金,用于建造厂房、购买机器设备、购买原材料、支付职工工资、支付经营管理中必要的开支等,生产出的产品经过销售后,收回的货款还要补偿生产中的垫付资金、偿还有关债务、上交有关税金等,其资金运动包括资金的投入、资金的循环与周转(包括供应过程、生产过程、销售过程3个阶段)和资金的退出3部分,既有一定时期内的显著运动状态(表现为收入、费用、利润等),又有一定日期的相对静止状态(表现为资产同负债及所有者权益的关系)。其中,资金的投入,包括企业所有者投入的资金和债权人投入的资金两部分,前者形成企业所有者权益,后者形成企业的负债。投入企业的资金一部分构成流动资产,另一部分构成非流动资产。资金的循环和周转,既是企业资金运动的结果,又是资金运动的主体,表现为循环往复的运动过程,分为供应、生产、销售3个阶段。在供应过程中，企业要购买原材料等劳动对象，发生材料买价、运输费、装卸费等材料采购成本，与供应单位发生货款的结算关系。在生产过程中，劳动者借助于劳动手段将劳动对象加工成特定的产品，发生原材料消耗的材料费、固定资产磨损的折旧费、生产工人劳动耗费的人工费等，构成产品使用价值与价值的统一体，发生企业与工人之间的工资结算关系、与有关单位之间的劳务结算关系和动力结算关系等。在销售过程中，将生产的产品销售出去，发生有关销售费用，收回货款，交纳税金，并同购货单位发生货款结算关系、同税务机关发生税务结算关系等。企业获得的销售收入，扣除各项费用成本后的利润，还要提取盈余公积以满足扩大再生产的需要，向所有者分配利润以体现所有者的合法权益。资金的退出，包括偿还各项债务、上交各项税金、向所有者分配利润等，使得这部分资金离开本企业，退出本企业的资金循环与周转。

上述资金运动的3个部分，构成了开放式的运动形式，是相互支撑、相互制约的统一体。没有资金的投入，就不会有资金的循环与周转；没有资金的循环与周转，就不会有债务的偿还、税金的上交和利润的分配等；而没有这类资金的退出，就不会有新一轮的资金投入，就会约束企业的进一步发展。在这3个部分中，会计制度所规定的行为规则的侧重点也不尽相同。

（2）非营利组织会计制度的对象。在我国，非营利组织会计称为非企业单位会计（过去主要是指与国家预算有密切关系的预算会计），是指除了企业会计以外的其他各种会计，主要分为总预算会计、行政单位会计和事业单位会计3个部分。总预算会计是财政部和地方财政机关，核算和监督国家和地方各级财政总预算执行情况的一种非企业单位会计，包括预算收入的核算、预算拨款的核算、预算支出的核算、预算周转金的核算、预算往来款项的核算、预算外资金的核算等内容；行政单位会计是以行政单位发生的各项交易或事项为对象，核算和监督国家预算资金的取得、使用及结果，为提高其社会效益服务的一种非企业单位会计，这里的行政单位包括各级权力机关、行政机关、审判机关、检察机关和各党派、政协机关等，其核算内容主要是从其上级机关取得经费、支出经费以及相应财产物资的增减变动情况等；事业单位会计是核算和监督事业单位各项交易或事项，为提高其宏观经济效益和社会效益服务的一种非企业单位会计，主要包括文化事业会计、教育事业会计、卫生事业会计、环境保护会计、社会团体会计等。总体来看，预算会计的对象"就是国家集中和分配预算资金过程中所引起的预算资金的收入和支出的活动及其执行结果，其核算的具体内容就是反映国家预算的资金来源、资金运用和资金结存。这些一般统称为预算资金运动。"具体来说，总预算会计的对象，是总预算中预算资金的集中、分配、余超以及与预算有关的暂收、暂付等财务活动；行政事业单位的会计对象，是有关经费的领拨、使用和结余。可见，预算会计的对象仍然是资金运动，但与营利组织的会计对象具有不同的特征，主要表现为资金运动的单向性（不形成循环与周转）、非增值性，因此确切地说，预算会计的对象是基金运动，一般不计算成本、盈亏，遵循收付实现制原则，没有谨慎性、配比性、划分收益性支出与资本性支出等要求，其会计制度所规定的行为规则的侧重点与营利组织也不尽相同，但事业单位有一定的"创收"职能，可以有业务收入，有一定的经营性和生产性，甚至有经济实体，计算成本和盈亏，在这一方面与企业会计相似。因此，从1996年开始，我国进行了预算会计改革，将预算会计要素由原来的资金来源、资金运用和资金结存三项，改为资产、负债、基金、收入、支出和结余六项。其中：

资产是单位占有或者使用的能以货币计量的经济资源，分为流动资产、对外投资、固定资产、无形资产等。

负债是单位所承担的能以货币计量，需要以资产或劳务偿付的义务，包括借入款项、应付账款、预收账款、其他应付款、各种应缴款项等，借入款项包括向财政部门、上级单位、金融机构借款和向其他单位借入有偿使用的各种款项。

基金是单位出资者对单位净资产的要求权，表现为资产减去负债的差额，包括事业基金、固定基金、专用基金、结余等，其中事业基金指事业单位拥有的非限定用途的净资产，主要包括滚存结余资金等；固定基金指事业单位固定资产占用的基金；专用基金指事业单位按规定提取、设置的有专门用途的资金，主要包括修购基金、职工福利基金、医疗基金以及其他基金等；收入指单位为开展业务活动，依法取得的非偿还性资金，包括财政补助收入、上级补助收入、事业收入、经营收入、附属单位缴款、其他收入和基本建设拨款收入等，其中，财政补助收入指事业单位按核定的预算和经费领报关系从财政部门取得的各类事业经费；上级补助收入指事业单位从主管部门和上级单位取得的非财政补助收入；事业收入是指事业单位开展专业业务活动及辅助活动所取得的收入；经营收入指事业单位在专业业务活动及辅助活动之外开展非独立核算经营活动取得的收入；附属单位缴款是指事业单位附属的独立核算单位按规定标准或比例缴纳的各项收入；其他收入指事业单位取得的投资收益、利息收入、捐赠收入等；基本建设拨款收入是指国家投资于事业单位用于固定资产新建、改扩建工程的拨款。

支出指单位为开展业务活动和其他活动所发生的各项资金耗费及损失以及用于基本建设项目的开支。包括事业支出、经营支出、对附属单位补助、上缴上级支出、基本建设支出等，其中事业支出指事业单位开展各项专业业务活动及其辅助活动发生的支出；经营支出是指事业单位在专业业务活动及其辅助活动之外开展非独立核算经营活动发生的支出；对附属单位补助是指事业单位用非财政预算资金对附属单位补助发生的支出；上缴上级支出是指事业单位按规定标准或比例上缴上级单位的支出；基本建设支出是指事业单位列入基本建设计划，用国家基本建设资金或自筹资金安排的固定资产新建、扩建和改建形成的支出。

结余是单位在一定期间各项收支与支出相抵后的余额，主要包括事业结余和经营结余。事业结余指事业单位各项非经营收支相抵后的余额，经营结余是指事业单位经营收支相抵后的余额。

可见，非营利组织的资金运动也有类似于营利组织资金运动的特点，但主要是事业单位中的有关生产经营业务，其主体仍然是非营利性的单位，其资金运动仍然包括资金投入、资金耗费和资金退出，但没有资金周转，因而其会计对象与营利组织比较具有不同的特点，相关会计制度所规定的行为规则的侧重点也与企业有所不同。

三、会计制度的要素

无论是营利组织还是非营利组织，其会计核算均由确认、计量、记录和报告四个环节构成，都离不开设置会计科目、会计凭证、会计账簿、会计报表等专门方法。会计制度作为会计核算的行为规范，究竟由哪些要素构成、各要素的内涵及其相互关系如何，是笔者要探讨的另一个重要的理论问题。

据《辞海》解释，要素是"构成事物的必要因素。如词汇是语言的基本要素。"正因如此，我们将会计对象要素定义为会计对象组成部分的具体化，或对会计对象所划分的基本构成要件，或是会计报表内容的基本框架，这也是狭义会计要素的概念。广义会计要素包括会计对象要素、会计工作要素、会计模式要素、会计系统要素、会计理论要素和其他会计要素。[①] 同理，会计制度要素就是构成会计制度的必要因素，狭义上仅指构成具体会计核算规则的必要因素，包括会计确认规则、会计计量规则、会计科目规则、会计报告规则，即一般会计制度所包含的基本要件；广义上还应包括会计凭证规则、会计账簿规则、会计档案规则等。

（一）会计确认规则

会计确认规则是对各项交易、事项转换为会计语言，作为资产、负债、所有者权益、收入或费用正式入账并据以计入会计报表的具体规定，主要涉及确认标准、确认条件以及确认时间三个方面，具体确认的规则在第二章中已有详细论述，这里主要探讨入账基础问题。

通常认为，在入账基础或确认标准上，营利组织采用权责发生制（应计制），非营利组织采用收付实现制（现金制），实际上并不尽然。

我们知道，权责发生制是以经济权利和责任的发生来确认收入、费用的一种制度，即凡属于本期的收入和费用，无论款项是否收付，均应计入本期损益；凡不属于本期的收入和费用，即使款项已经收付，也不应计入本期损益。收付实现制是指以实际收到或付出款项来确认收入或费用的一种制度，即只有当期实际收付的款项，才能计入当期的收入或费用；如果当期没有收付款项，即使收入已经赚得、费用已经产生，也不能计入当期收入或费用。由于营利组织的主要目标是营利性，因而必须计量损益，以便考核其一定时期内的财务成果，故此采用权责发生制；由于非营利组织的主要目标是完成一定的社会责任，不以营利为目的，不计成本、不计盈亏，所以采用收付实现制。实际上，权责发生制是在收付实现制基础上逐步发展起来的，实际规范中上述两种确认标准的适用范围也不是绝对的，营利组织中有收付实

---

① 刘爱凤. 新会计制度对财务管理的影响及解决对策 [J]. 商场现代化，2022，No.962 (05)：138-140.

现制，非营利组织中也有权责发生制，而且这一交叉的内容有不断扩大的趋势，这是环境的变化以及人们对营利组织与非营利组织的认识、对损益的认识不断变化、不断深化的结果。

在纯粹或理论上的收付实现制中，凡是收到的现金都作为收入，凡是支付的现金都作为费用，利润则表现为收入与费用的差额。很显然，实施这种纯粹收付实现制的条件包括不发生非现金交易，不存在债权债务，即不存在信用，这样，所有的资产都以现金形态存在。事实上，人类先有物物交换，然后才有商品交换，商品交换达到一定水平才产生作为一般等价物的货币，才有了货币的收付，信用是商品买卖中所形成的借贷关系，"是从属于商品交换和货币流通的一种经济关系。当商品通过赊销而让渡、货币执行支付手段的职能时，信用随之产生。""最古老的信用形式是在原始社会解体时期产生的高利贷信用。在奴隶社会和封建社会，高利贷是信用的基本形式。……在资本主义社会，作为借贷资本运动形式的资本主义信用，取代了高利贷的地位。"并分为商业信用和银行信用。而早在"简单生产的条件下，已经出现了赊销赊购的现象。"可见，信用是与商品交换同时产生并共存至今的一个范畴，纯粹收付实现制的前提是不存在的。正因为如此，人们对借出款项减少的现金作为债权而不是作为费用处理，对借入款项增加的现金作为债务而不是作为收入处理，对于赊购商品同时作为费用增加和债务增加，对于赊销商品同时作为收入增加和债权增加，对于购入的长期资产作为永久资产入账，但不计提折旧，形成了"修正的收付实现制"。随着企业规模的扩大、尤其是工业革命的兴起和工厂制度、大量生产方式的出现，才使人们认识到折旧的重要性，尽管"在第一次世界大战之前，工业企业普遍不提折旧，认为折旧不是费用，而仅将维修费用列为本期费用。……从第一次世界大战直至20世纪30年代，折旧仍然是许多工业企业和商业企业的一项任意费用"，但折旧的产生毕竟对长期资产的会计处理产生了质的飞跃，进而带来了跨期费用的确认，直至20世纪中叶才完成权责发生制与历史成本这一现行财务会计模式的两大支柱，以适应工业生产为主的经济环境，进而产生了配比性等会计原则，并施用于营利组织会计。而为了贯彻重要性原则，"对于在多个会计期间受益但一次支付金额较少的费用，可以一次计入当期损益"的规则，实际是收付实现制，而为了弥补权责发生制不能准确反映企业的变现能力和支付能力，美国于1987年就以收付实现制为基础的现金流量表取代了财务状况变动表，以提供企业现金生产能力、预测未来支付能力等方面的信息，成为营利组织应用收付实现制的典型代表；非营利组织的事业单位，"会计核算一般采用收付实现制，但经营性收支业务核算可采用权责发生制。有经营活动的事业单位，其经营支出与相关的收入应当配比。"还有人主张事业单位也应该对固定资产计提折旧、计算成本、考核损益，采用权责发生制，美国、加拿大要求政府或政府单位采用修正的应计制基础，澳大利亚则要求采用应计制基础，"我国政府会计最好先采用修正的现金制，在条件成熟时再逐步向修正的应计制会计、应计制会计过渡。"

因此，在确认标准上，无论是企业会计制度还是非企业会计制度，都在采用权责发生制与收付实现制相结合、各有侧重的原则，并有不断扩大融合范围、甚至普遍采用权责发生制的趋势，这是人们经过长期实践所得出的结论。但笔者认为，正因为权责发生制与收付实现制各有利弊，因此不能采取谁取代谁的简单策略，而应该趋利避害，针对营利组织与非营利组织的目标和资金运动特点，以采用有主有辅的损益确认标准为宜。

(二) 会计计量规则

在现实经济生活中，主要有实物量度、劳动量度和货币量度三种。在商品货币经济不发达环境下，人们主要采用实物量度、劳动量度，这两种量度具有具体、直观的优点，但缺乏综合性、可比性，货币量度则弥补了这一缺陷。会计以货币量度为主，是商品货币经济发展到一定阶段的产物，也是当代市场经济对会计的客观要求，因为货币量度具有综合性强的特性，可以将千差万别的财产物资和劳动消耗统一折合为价值量。当然，会计并不排除其他两种量度，而是将其他量度作为货币量度的补充。而通常所讲的会计计量，是指对经过确认的交易或事项，确定其入账价值和在报表中披露价值的过程，包括计量属性和计量单位两个方面。其中，计量单位有名义货币单位和不变购买力单位，对这一问题人们已经达成共识，主要争议在于计量属性的选择。IASC于1989年7月发布的《概念框架》第100段，列示的计量属性包括历史成本、现行成本、可变现价值（结算价值）和现值四种，FASB列示的计量属性中比IASC增加了"现行市价"，共有五种计量属性。

历史成本指为取得一项资产所付出的现金或现金等价物。历史收入指义务发生时所收到的现金或现金等价物。

现行成本指如果现实取得相同的资产或与其相当的资产将会支付的现金或现金等价物。现行市价指在正常清理过程中，出售一项资产所能获得的现金或现金等价物。

可实现（可清偿）净值指在正规的业务中，一项资产可望换得的、未经贴现的现金或现金等价物，扣除转换时倘若发生的直接成本。可清偿净值是在正规的业务中，为清偿一笔债务预期付出的、未经贴现的现金或现金等价物，包括偿付时可能发生的直接成本。

现值指在正规业务中，一项资产可望换得的未来现金流入量的贴现值，减去为取得流入量所需的现金流出量的贴现值后的余额。或在正规的业务中，为清偿一笔债务预期需要发生的未来现金流出量的贴现值。

"现行市价包含销售费用，而可变现净值则扣减了销售中没支付的费用如手续费和流转税等。"除历史成本是实际成本外，其他计量属性都含有人为因素，是一种"假设成本"。至于公允价值，裘宗舜教授认为，公允价值不是一种独立的计量属性，"公允价值就其本质来说，是一种公认的市场价值，也可以说是现行价值的一种特殊形式。"谢诗芬博士也认为，除历史成本以外，其他计量属性都属于现行价值，"公允价值并非特指一种计量属性，它可以表现为多种形式，如现行市价、现行成本、未来现金流量的现值。"因此，公允价值与现行价值不是一个概念，其中的大部分（历史成本除外）是现行价值的一种特殊形式，并主张在我国研究和应用现值势在必行。

实际上，无论是过去的计划经济时期还是今天的市场经济时代，我国的会计计量始终不是只采用历史成本这一项计量属性，只是不同时期因不同环境而选择的计量属性的多少、某计量属性的应用范围的大小不同而已。例如，"发现盘盈账外固定资产，或接受捐赠的固定资产时，可以按照重置价值计价入账；当企业根据国家规定对固定资产进行重估价时，也应当采用重置价值作为计价的标准。"而2001年的《企业会计制度》规定，盘盈的存货按照同类或类似存货的市场价格入账；接受捐赠的存货，如果同类或类似存货不存在活跃市场的，按照该接受捐赠的存货的预计未来现金流量现值入账；期末存货采用成本与可变现净值孰低法计价；等等。可见，新会计制度已经接受了现值的概念,已涵盖历史成本、现行成本、现行市价、可变现净值、未来现金流量现值等计量属性,在非货币交易中允许使用公允价值。那种认为会计核算只遵循历史成本原则的看法,只是一个一般的规则,并不排除其他计量属性的应用,因为各种计量属性是出于特定环境和特定业务的需要而产生的,具有不同的优缺点和适用范围,会计制度在选择具体计量属性时,应该和已经考虑各种计量属性的特点及其经济后果。现代会计制度选择多重计量属性,主要是由财务资本保持观与实物资本保持观的协调,以及满足会计信息相关性要求的结果,也是会计信息供求双方不断博弈的结果。我认为,我国应坚持的会计计量原则是:在保持与国际会计规范尽量协调的前提下,考虑我国的市场环境、经济环境、人文环境等因素,结合各种计量属性的特点,构建以历史成本为主体的多种计量属性的格局。

(三) 会计科目规则

会计科目在会计制度中具有十分重要的地位和作用,它既是连接会计确认、会计计量与会计记录、会计报告的桥梁,也是将有关交易、事项的内容转换为会计信息的指示器或航标。因为交易、事项的内容只有借助于会计科目,才能进入会计程序,会计确认和会计计量才可以具体操作,才可能进入记账凭证和账簿,出现在会计报告之中。"会计科目的设置是整个会计制度设计的主干和中心问题。"因此,会计科目一直是会计制度中的核心内容之一,会计制度的改革首先表现为会计科目的变化。而关于会计科目的设置规则,虽然在有关会计制度设计的教科书中有所涉及,但大多是对会计科目设计要求的一般性论述,较少谈及会计科目设置原理与设置规律等方面的问题,而正是这些内容构成了会计科目的规则。

我们说,会计要素是对会计对象的分类项目,而这六项会计要素仍显得过于粗略,难以满足各有关方面对会计信息的需要。例如,所有者需要了解利润构成及其具体分配情况、了解负债及其构成情况,债权人需要了解流动比率、速动比率、资产负债率等有关指标,以评判其债权的安全程度,税务机关要了解企业未交税金的详细情况等。为此还必须对会计要素作进一步的细分类,这种对会计要素的具体内容进行分类核算的项目,就是会计科目,作为设置账户的依据、复式记账和编制记账凭证的基础、进行成本计算与财产清查以及编制会计报表的重要依据等。会计科目的设置，是生产会计信息的起点和前提，没有会计科目，会计核算将无从谈起。

1. 会计科目的设置原理

会计科目的设置原理应该包括会计科目的设置依据、会计科目的分类、会计科目的命名、会计科目的编号等内容。

（1）会计科目的设置依据。不同国家、同一国家不同时期以及不同类型的企业、同一类型不同时期的企业，会计科目的设置依据也有所不同，这是由特定环境下特定会计信息需求者对会计信息的需求不同所决定的。例如，同为市场经济国家，美国的会计信息注重相关性，英国的会计信息注重可靠性；我国计划经济时期注重国家计划的完成情况，市场经济时期注重会计信息的相关性和可靠性，依据市场经济环境、国际会计协调以及企业间的共性业务设置会计科目，并依据不同类型的企业设置分行业的会计科目（专业核算办法也必然设置具有不同行业特点的会计科目），同为国有企业，不同时期的会计科目设置依据自然也不尽相同或大不相同。

（2）会计科目的分类。会计科目是否分类及如何分类，一方面反映了人们对会计认识的深刻程度，另一方面也折射出相关的会计环境。会计科目的分类可以有按照反映的经济内容分类、按照结构和用途分类、按照提供信息的详细程度及其统驭关系不同分类等多种分类方式，科学合理的会计科目分类，有助于把握会计科目的性质、正确运用会计科目。中华人民共和国成立以来，我国会计科目的分类经历了一个由计划经济向市场经济过渡过程和逐步完善的过程。表面上看，我国从1974年开始才有了会计科目的分类（这里只讨论会计科目表中的会计科目分类，主要是按照反映经济内容不同所做的分类），实际上1974年以前的会计科目也有一定的分类，只是没有明确命名而已，这从会计科目的编号中可以看出其变化。大体上，可以分为未标明会计科目分类和标明会计科目分类两个阶段，后者又可分为会计等式（资金来源＝资金占用）分类和会计对象要素分类，首次采用会计对象要素分类的是财政部1985年所颁布的《中外合资经营工业企业会计科目》。

（3）会计科目的命名。应遵循简洁清晰、整齐规范、尽量对称协调、准确反映产权关系、满足会计信息使用者需要等原则。中华人民共和国成立以来的会计科目名称的演变也可以说明这一问题。例如，会计制度中，1956

年的"与供应人的结算""与购买人的结算"科目，1962年的"供应单位往来""购买单位往来""与其他债权人及债务人的结算"等科目，虽然直观、便于理解，但既不简洁也不规范，1966年的"购料往来""销货往来""其他往来"虽然比较简洁，但很不规范，尤其是"往来"二字含有双重性，不宜明确产权关系，实际就是"应付账款""应收账款""其他应收款""其他应付款"。

（4）会计科目的编号。实际是会计科目的分类编号，是认识和运用会计科目的指针。我国历次会计制度中，除了1966年、1974年没有编号外，其余会计制度中的会计科目均有编号（1962年的会计制度米用两位数编号，2001年的会计制度米用四位数编号）。会计科目的编号应具有逻辑性、清晰性、科学性。

2.会计科目的设置规律

任何事物的健康运行与发展，都遵循一定规律的结果。会计科目的设置和运用同样不能随心所欲。综观国内外会计科目设置的历史发展，会计科目的设置至少应遵循以下规律：

（1）反映资金运动规律。我们知道，营利组织与非营利组织的资金运动具有不同的特点和规律性，如前者具有完整的资金循环与周转，资金具有空间上的并存性和时间上的继起性，流动资金与非流动资金具有不同的周转方式，资金运动过程也是价值的增值过程和实现过程等；后者的资金运动主要表现为经费的领取与支付，不存在循环与周转、不存在资金空间上的并存性和时间上的继起性及其运动的增值性，这在会计科目的设置上可以清楚地看到这一点。此外，在营利组织中，不同性质的企业单位的资金运动也呈现出不同的规律性，如商品流通业的资金运动体现为"货币资金—商品资金—货币资金"形式，因此没有制造业方面的交易事项，自然没有这方面的会计科目。而农业生产中，由于农业生产是经济再生产与自然再生产交织进行，引起资金形态与资金结构的巨大波动，进而引起同一年度内不同月份有关财务会计报告数字的巨大波动；生产资料与消费资料具有双重性，如幼畜成龄转为产畜、企业留用的口粮等，引起对外销售商品的销售实现制与对内留用产品的生产实现制相结合；劳动对象与劳动手段相互转化，如幼畜作为劳动对象管理和核算，而转为产畜后作为固定资产管理核算，当被淘汰时又转为劳动对象，从而引起核算对象与核算方法的变化；企业整体资金循环与内部单位资金循环的交互作用,引起农业会计中必须实行分业核算、家庭农场的单独核算,其成本计算期也不尽一致;土地作为种植业最重要、目前尚不可替代的生产资料,具有数量大、金额高、作为固定资产管理但不提取折旧的特性,等等。

(2) 反映会计环境的要求。会计环境决定了会计的模式、会计的水平、会计信息的内容及其提供对象、提供方式等,自然影响到会计科目的设置。不同的社会、经济、文化、教育、法律等环境,决定了会计的特色,①中外会计的差异即根源于此。就我国来看,1993年前会计制度中会计科目的设置,反映了计划经济体制对会计的要求,突出表现在"政企不分、产权模糊"框架下依据"资金占用二资金来源"等式的科目设置,1993年后,出于建立社会主义市场经济体制的需要,要求与国际会计规范协调,采用"资产=负债+所有者权益"等式下的会计科目设置,建立了会计主体概念,并随着经济环境和交易事项的变化适时调整会计科目,如此不一而足。

(3) 反映单位的经济管理要求。企业单位的生产经营特点不同、管理要求不同,会计科目的设置也可以有所不同。企业在国家统一会计制度所规定的会计科目基础上,在不影响会计核算要求和会计报表指标汇总,不影响对外提供统一财务会计报告前提下,可以根据实际情况增减或合并某些会计科目,除制度已规定的明细科目外,企业也可以根据需要自行确定,会计科目的名称在不违背科目使用原则基础上可以因地制宜地确定。

(4) 反映会计信息披露的要求。不同国家、同一国家不同时期会计信息的需求者及其所需要的会计信息也不尽相同。在我国计划经济时期,会计信息的需求者主要是国家,所需求的会计信息主要是有关国家计划的完成情况以及国家各项资金的使用情况,会计科目中也就出现了诸如"专项物资""专项存款""专项借款""专项应收款""应交折旧基金"等科目。建立社会主义市场经济体制以来,随着企业经营方式的多样化、企业投资者的多样化和企业的市场化,会计信息的需求者由过去的国家为主体发展为国家有关政府机关、企业所有者、债权人、管理者以及社会公众等,对会计信息的需求也变得复杂、多样,为此出于会计信息可靠性与相关性的要求,设置了"长期股权投资""长期债权投资""预计负债""所得税""实收资本""盈余公积""本年利润""投资收益"等科目以及资产减值准备科目,以满足清晰产权、提高会计信息相关性的需要。

(四) 会计凭证规则

会计凭证作为初始会计信息的载体，其规范程度将直接影响会计信息的披露，其具体规则应分别原始凭证、记账凭证规范。其中原始凭证的规则包括内容的客观性、项目的完整性、填制的规范性和及时性等方面；记账凭证的规则包括编制的客观性、选择的合理性、填制的完整性、规范性和及时性等。

(五) 会计账簿规则

设置和登记账簿，是编制会计报表的基础，是联结会计凭证与会计报表的中间环节，在会计核算中具有十分重要的意义，主要表现在：通过账簿的设置和登记，记载、储存会计信息；分类、汇总会计信息，检查、校正会计信息；生产、输出会计信息。"社会经济越发展，账簿组织的建设越完善，这是会计发展史上的一个基本规律。"因此，科学合理地确立账簿规则，是会计制度规范中不可回避的又一个重要问题。主要应包括：依法设置会计账簿、合理登记会计账簿、规范的错账更正、及时的账项核对以及定期结账等方面。

(六) 财务会计报告规则

财务会计报告作为企业对外提供的反映企业特定日期财务状况和某一会计期间经营成果、现金流量的文件，是财务会计信息的主要载体，有关规则应包括合法性、客观性、一致性、完整性、正确性、及时性等要求。

(七) 会计档案规则

会计档案是指归档保管的会计凭证、会计账簿和财务报告等会计核算专业材料，是记录和反映单位经济业务的重要史料和证据，包括会计凭证 (原始凭证，记账凭证，汇总凭证，其他会计凭证)、会计账簿 (总账、明细账，日记账，固定资产卡片，辅助账簿，其他会计账簿)、财务报告 (月度、季度、年度财务报告，包括会计报表、附表、附注及文字说明，其他财务报告) 以及其他会计资料 (银行存款余额调节表，银行对账单，其他应当保存的会计核算专业资料，会计档案移交清册，会计档案保管清册，会计档案销毁清册等)。会计档案的规则主要应包括归档规则、借阅规则、保管规则、销毁规则以及移交规则等。

四、会计制度的目标

会计目标又称会计目的，是指会计活动应该达到的标准或应该满足的要求。这里要解决的问题包括向谁提供会计信息、提供什么会计信息、何时提供会计信息以及怎样提供会计信息等。会计制度作为规范会计核算行为的规则，实际上也是规范实现会计目标的规则。其基本目标是实现会计核算行为规范的科学性、时代性和有效性，具体包括保证会计信息质量、规范会计核算行为、维护经济运行秩序等方面。

(一) 保证会计信息质量

在会计学界，关于会计信息质量研究的时间并不长，"在美国，会计信息质量特征的研究是随着会计目标的研究一道进行的，甚至视为会计目标的一个部分，一直到20世纪80年代，才形成为一个独立的课题。"但这一课题研究所取得的成就，对会计学的影响是深刻、深远的。最早提出会计信息评价标准的是美国会计学会于1966年发布的《基本会计理论说明书》（A Statement of Basic Accounting Theory），将会计信息质量概括为相关性、可验证性、无偏见性和可定量性四个标准。1970年美国会计原则委员会在《企业财务报表编报的基本概念和会计原则》报告中，将会计目标作为一般目标，将会计信息质量作为质的目标，包括相关性、可理解性、可验证性、中立性、及时性、可比性、完整性七项。1980年美国财务会计准则委员会（FASB）颁布了《会计信息质量特征》公告，对会计信息质量特征进行了分层，认为第一是相关性和可靠性，相关性包括预测价值、反馈价值和及时性，可靠性包括真实性、可验证性和中立性；第二是交互作用的质量，指可比性，包括同一行业内不同企业间的比较和同一企业不同时期间的比较；第三是可理解性；第四是约束条件，包括成本效益原则和重要性。

国际会计准则委员会1989年公布的《关于编制和提供财务报表的框架》

中，将财务报表的质量特征概括为"使财务报表提供的信息对使用者有用的性质。"主要分为可理解性、相关性、可靠性和可比性四个方面。

会计制度中有关会计确认、计量、记录和报告的规范，就是为了保证依据会计制度所提供的会计信息具有较高的质量，满足会计信息需求者对会计信息的主要需求。在我国现有会计环境下，以可靠性为主、兼顾相关性的选择，是一种现实的、理性的选择。从我国会计制度的演进中，我们不难看出，会计制度的目标经历了保证计划经济时期所需要的会计信息、保证经济转型时期所需要的会计信息、保证市场经济时期所需要的会计信息等不同阶段，但不管何时何地，保证会计信息质量是构建会计制度的首要目标，虽然不同时期对会计信息质量的理解和要求不同。

(二) 规范会计核算行为

会计核算行为的规范也是一个动态的概念。不同的会计环境决定了不同的会计模式和会计水平。一方面，经济环境起着决定性作用，包括经济体制、经济结构、经济水平等诸多因素。另一方面，会计的内容反映了所处会计环境、尤其是经济环境的特点，作为规范会计行为规则的会计制度，要求必须体现经济发展的要求，以实现会计服务于经济建设、参与经济建设的任务。不同时期的会计制度应该体现该时期经济发展的要求，并在保持一定稳定性基础上，根据经济发展的要求进行适当的修正和调整。一定的会计制度是该时期会计环境的产物，更是经济发展水平的产物，主要体现在会计制度的规范内容上。就我国来看，中华人民共和国成立初期，由于生产力发展水平较低，实行计划经济制度，加之闭关锁国，会计制度主要规范的是一般的再生产过程，并遵循专款专用原则，逐步形成了固定资金、流动资金、专项资金三段式的规范格局，一直持续到1985年。这是因为，以1978年12月召开的党的十一届三中全会为标志，我国进入了改革开放时期，1981年党的十一届六中全会通过了《关于中华人民共和国成立以来党的若干历史问题的决议》，提出"必须在公有制基础上实行计划经济，同时发挥市场调节的辅助作用"，建立"正确处理计划经济为主、市场调节为辅的原则"；1984年党的十二届三中全会制定了《关于经济体制改革的决议》，确立了从根本上改变束缚生产力发展的经济体制这一改革的基本任务，提出了我国社会主义经济是公有制基础上的有计划的商品经济的论断；1992年党的十四大提出我国经济体制改革的总体目标，是建立社会主义市场经济体制。可见，从"计划经济为主、市场调节为辅"到"有计划的商品经济"、再到"社会主义市场经济"，跨越了3个具有不同性质的台阶，会计环境发生了巨大的变化。鉴于此，财政部在1985年发布的中外合资经营企业会计制度中首次突破了延续36年的框框，出现了无形资产、应收票据、应付票据、股利、资本等方面的规范，并将无形资产、应收票据、应付票据等内容引入到1989年的国营工业企业会计制度中，在1993年的会计制度改革中彻底摆脱了"三段式"的束缚，接受了资本的概念、谨慎性会计原则等，又增加了资本、坏账、股票、债券等规范内容。而针对多年来会计造假问题的普遍性、严重性及其危害的广泛性等原因，2001年的《企业会计制度》中列示了8项资产减值准备的规范；根据交易事项的实际变化，增加了非货币交易、租赁、债务重组等方面的规范，等等。

(三) 维护经济运行秩序

会计制度作为一种共同信息，是经济个体生产和提供会计信息的依据，关系到经济运行中基础经济信息的可靠性，关系到微观和宏观经济运行秩序的有效性，保护经济运行秩序的稳定、有效，是会计制度的另一个重要目标，无论是计划经济时期还是市场经济时期，都是如此，尤其是2001年《企业会计制度》的修订，是这一目标最好的注脚。

有关调查显示，上述会计制度的目标，也得到了大多数人的认同。

会计制度的目标是主观见诸于客观的能动反映。合理、有效的会计制度目标的确立，一方面有赖于对会计制度功能的全面、客观的认识，另一方面也取决于对会计制度环境的准确把握，并得到会计制度理论的有力支持。

第二节　会计制度的理论基础

任何学科的构建与发展都离不开一定的理论基础支持。我国关于会计学理论基础的研究主要始于20世纪80年代，迄今为止已取得了较为丰硕的成果,产生了"一基础"(政治经济学)、"二基础"(马克思主义哲学和政治经济学或政治经济学和数学)、"三基础"(马克思主义哲学、政治经济学和数学)、"四基础"(数学、哲学、逻辑学和"三论")、"五基础"(哲学、政治经济学、数学、逻辑学和"三论")等不同观点。同样,会计制度的构建与运行也离不开相关理论的支持,正是在这些理论的指引和指导下,会计制度才得以有效的发挥其应有的功能、实现其既定的目标,也正是在这些理论基础上构建了会计制度的大厦。

一、会计制度的哲学基础

这里的哲学指的是马克思主义哲学,包括辩证唯物主义和历史唯物主义两个有机组成部分。以下试图从哲学的基本问题、唯物辩证法两个方面,探讨哲学在会计制度建设中的理论基础作用。

(一)哲学的基本问题与会计制度

哲学是有关世界观的理论体系,是关于自然知识、社会知识以及思维知识的概括和总结。人们关于世界的根本观点构成了世界观,以其观点分析问题、解决问题,又构成了方法论。因此哲学既是世界观,也是方法论,其基本问题就是精神和物质即思维和存在的关系问题,其中包含着思维和存在何者为第一性、思维能否正确反映存在、世界是否可知等问题,由此形成了唯物主义和唯心主义两大派别。一方面,会计制度作为会计核算的行为规则,是会计实践这一社会存在的抽象与总结,是科学、理性思维的结果,它源于实践中的具体会计行为,而会计行为又来自于经济主体的经济活动实践。另一方面,会计制度是对会计行为进行归纳、分析、总结后的规范,是对会计行为的一种能动反映;会计行为又是通过会计人员的职业判断,对特定经济活动所做出的合乎会计规律和要求的反映。可见,具有"会计制度—会计核算行为—经济活动实践"的存在第一性、存在决定思维的内在关系,以及"会计制度—会计核算行为—经济活动实践"的思维正确反映存在、会计实践可认识的能动关系。以此为基础,产生了实践、认识、真理等哲学范畴对会计制度的支撑作用。

(1)会计实践是会计制度得以存在的基础。会计制度从无到有、从简单到复杂、从形式上的差异到内容上的国际协调，无不来源于会计实践内容的丰富和变化。没有会计实践，会计制度将变成无源之水；离开了会计实践，会计制度将成为空中楼阁。

(2) 会计认识是会计制度得以完善的基础。"实践、认识、再实践、再认识，这种形式，循环往复以至无穷，而实践和认识之每一循环的内容，都比较的进到了高一级的程度。"会计实践、会计认识、会计制度恰恰印证了这一认识规律。我们可以清楚地看到，每一次会计制度改革，都是在感性认识基础上，上升到一个新的理性认识并不断提高、不断完善。

(3) 会计真理是会计制度不断追求的目标。会计真理就是会计信息符合实际情况、满足有关信息使用者需求的认识，即对会计信息可靠性、相关性的认识。会计制度作为会计核算的行为规范，其目标包括保证会计信息质量、体现会计环境要求、保护经济运行秩序，这些目标的实现过程，归根结底，也是追求会计真理的过程。任何会计制度的研究、制定、修订和实施，表面上看是适应环境的要求、满足经济管理的需要，实质上也是以会计实践为起点（出发点）和标准（归宿），逐步从相对真理走向绝对真理、接近绝对真理的过程。

(二) 唯物辩证法与会计制度

唯物辩证法是"关于自然界、人类社会和思维发展最一般规律的科学，是无产阶级的世界观和方法论。……它包括3个基本规律：对立统一规律、质量互变规律和否定之否定规律，而以对立统一规律为核心。"此外还包括现象和本质、内容和形式、原因和结果、必然性和偶然性、可能性和现实性等基本范畴。

(1) 对立统一规律揭示了会计制度更迭的内在根源。对立统一规律告诉我们，世界上一切事物都是矛盾着的统一体，矛盾着的对立面既统一又矛盾，对立的统一是有条件的、暂时的，因而是相对的；对立的斗争则是无条件的、绝对的，由此推动了事物的运动和变化、发展。会计制度的每一次修订、更迭，正是对立统一规律作用的结果。实际上，没有任何国家（地区）的会计规范是永恒的、一成不变的。

(2) 质量互变规律反映了会计制度创新的量的界限。从质量互变规律中我们看到，事物的发展变化源于内部矛盾所引起的量变和质变的相互转化的规律。会计制度的改革也是质量互变规律作用的结果，其中具有典型意义的是1993年及其以后的会计制度改革。1993年7月1日起实施了"两则两制"，在诸多方面实现了与国际规范的协调，实现了我国会计制度全面的质的飞跃；而随着我国证券市场的建立和发展，财政部、国家体改委于1992年5月23日联合发布了《股份制试点企业会计制度》，首次将会计确认、计量、记录和报告完整地纳入其中。1998年1月27日，财政部又发布了《股份有限公司会计制度——会计科目和会计报表》，进一步强化了与国际会计规范的协调，在股份有限公司范围内实现了质变。由于近年来会计造假带来的严重社会危害，以及其他众所周知的背景和原因，2000年12月27日，财政部颁布了《企业会计制度》，该制度打破了行业的限制，体现企业的市场主体性质、积极贯彻谨慎性原则、会计制度与税收制度分离、规定会计要素确认、计量、记录、报告的全过程、强调实质重于形式原则等，实现了我国会计制度的又一次部分质变，并在量变积累到一定程度时实现全面的质变，登上会计制度改革的新台阶。

（3）否定之否定规律体现了会计制度发展的内在规律。否定之否定规律揭示了事物由于内部矛盾运动所引起的螺旋式、波浪式前进、发展的过程。我国会计制度的发展演变过程，既是这一规律的实证，也是在这一规律指导下完成的。从制度的繁简度上看，可以从会计科目的数量变化上得以反映；从制度规范的国际协调上看，可以在会计等式、记账方法等方面证实，如此等等，足以证明这一唯物辩证法基本规律对会计制度昨天、今天以至明天的指导功能。

（4）唯物辩证法的基本范畴提供了从深层次理解会计制度的钥匙。正确把握和运用现象和本质、内容和形式、原因和结果、必然性和偶然性、可能性和现实性等唯物辩证法的基本范畴，是我们深刻理解会计制度及其内容变迁的"金钥匙"和有力武器。例如，规范会计信息的生产与披露只是会计制度的现象，揭示产权变动、调整经济关系才是会计制度的本质所在；会计制度内容的变革以及中外不同会计规范形式体现了内容与形式的关系；会计制度的每一次修订甚至变革，无疑具有特定的因果关系，也是可能性向现实性的转化；会计制度中的各项规范作为一种必然性，均来自于偶然，所谓没有脱离必然性的纯粹的偶然性，也没有离开偶然性的纯粹的必然性。由此我们可以更好地理解和预见会计制度的改革及其改革方向。

二、会计制度的经济学基础

从学科划分上看，会计学属于经济学范畴，会计制度的构建自然离不开经济学理论的支持。简单而言，经济学是研究经济各方面关系和经济活动规律的科学，分为马克思主义经济学和西方经济学两个分支，它们对于我们处于转轨时期会计制度的基础作用显然有所不同。

(一) 马克思主义经济学

从马克思主义经济学看，我们完全可以从生产力与生产关系的矛盾运动中解释会计制度的变迁；在历史形成的社会经济结构的整体制约中，分析个体会计行为及其与会计制度的差异，进而完善会计制度；以生产资料所有制为基础，分析个体会计行为的性质及其出发点，以更合理、有效地规范会计行为；依据经济关系来解释和说明会计制度的伦理规范；通过会计实践实现会计制度合规律与合目的的统一。尤其是马克思主义经济学中关于社会再生产的理论和剩余价值理论，从宏观上有关积累与消费的理论和从微观上资本循环与周转的理论等，对会计制度内容的构建，具有直接的、非常重要的理论支撑作用。

(二) 西方经济学

从西方经济学分析，它"研究的是社会如何利用稀缺的资源以生产有价值的商品，并将他们分配给不同的个人。……经济学的精髓在于承认稀缺性的现实存在，并研究一个社会如何进行组织，以便最有效地利用资源。"会计基于追求经济效益而产生和发展的事实表明，资源的稀缺性也是会计产生的根源，客观、全面地确认、计量、记录和报告各项经济资源的分布状况及其权益归属状况以及收入的获得和分配，正是会计的基本内容，而规范这些行为的会计制度，一方面要反映微观经济主体对各项生产要素的利用状况和利用效益，反映一个国家的现实经济政策、经济环境以及国际经济发展的趋势和要求，另一方面也要寻求会计制度本身在供给与需求上的均衡点，兼顾公平与效率原则。

这是传统西方经济学(新古典经济学)所给予我们的启示,但是它主要揭示"人与物的关系的内在联系和规律性。正是由于它的这种科学性对经济的运行和发展有一定的解释能力和预言能力,再加上基于这种科学性而形成的科学的表述方法,才使它成为西方的正统经济学和主流经济学。然而,新古典经济学不研究生产关系总是一个事实。"新兴起的制度经济学则弥补了这一缺陷,因为它"是以生产关系或人与人的关系为研究对象的……形成了交易费用经济学、产权经济学、公共选择理论、历史经济学、演化经济学等诸多学派,同时拓宽了经济学的研究视野和领域,革新了经济学的面貌。"其中对会计制度具有较大理论意义的主要是交易费用经济学、产权经济学、演化经济学等。这些学派的基本思想对会计制度建设也具有非常重要的支持和指导作用。

从交易费用经济学来看,会计制度的存在与创新,实际上遵循和体现了交易费用经济学的基本原理。现实社会中的交易费用总是正数,不同的产权界定所引起的资源配置和带来的经济效率,在中华人民共和国成立50多年来的实践中表现得尤为突出,每一次会计制度改革既是以对相关制度环境的分析判断为基础的,也是一个成本效益的选择过程,今后也必将如此。

从产权经济学来分析,会计制度的每一次变革都会触及有关人的利益,这是因为不同类型企业的契约关系有所不同甚至大不相同,如独资企业、合伙企业、非上市公司、上市公司等类型企业有关契约的性质、复杂程度、覆盖范围以及运作方式等差异,引起剩余索取权及其安排程序不同,任何会计制度的形成都应该是各方利益较量的结果,同时也应该是具有降低交易费用预期的结果。另外,任何层次的会计制度,都是一种契约,会计制度的制定过程也是会计核算契约的制定过程,是剩余索取权的界定、分配过程,履行会计制度就是履行契约,而企业单位的具体会计制度更是其内部一系列相关契约的体现和集合。会计制度的变迁固然是众多复杂因素共同作用的结果,但产权结构的变化是其重要原因之一,中华人民共和国成立前后的会计制度转换、1993年会计制度的转换以及上市公司上市前后的会计制度转换等,无不与产权结构的变化直接相关,也是国家大政方针变化的必然结果,这在我国表现得尤为突出。

从演化经济学理论中我们知道，演化经济学也称为"进化经济学"或"动态经济学""非均衡经济学"，是在动态的竞争中实现变化和进步、重组和创新的市场过程的一个思想流派，它关注的是动态均衡，而不是新古典经济学所主要关注的静态均衡。会计制度也是在不断地变革，每一次变革的基本目标在于实现制度需求与制度供给之间的均衡，但由于客观环境的多变性、常变性，即便会计制度制定过程中充分考虑了环境的变化、所制定的制度实现了均衡，但该制度在发布、实施时，已经时过境迁，某些方面已经失去了均衡，当这些非均衡状态积累到一定程度时，必然要求会计制度进行新的变革。可以说，会计制度正是在"均衡—非均衡"的无限往复、无限循环中不断发展、进步的，也正是在非均衡的常态中显示出会计制度的作用和力量。

三、会计制度的管理学基础

会计作为一种经济管理活动，与管理学有着千丝万缕的联系，作为规范会计行为规则的会计制度，自然离不开管理学理论的支持。现代管理理论主要包括管理程序学派、行为科学学派、决策理论学派、系统管理理论学派、权变理论学派、管理科学学派、和经验主义学派七大学派。各个学派的理论各有侧重相互联系并自成体系，从管理角度为会计制度的建设提供了有益的支持和帮助。

(一) 管理程序学派

这一学派是在第二次世界大战后，以法约尔的管理思想为基础发展起来的。法约尔将管理分为计划、组织、指挥、协调和控制五项职能，并为管理学界所普遍接受，他们将管理看作为一种程序并具有一系列相互联系的职能，尽管对于管理具有哪些职能的认识有所不同，但对管理的计划、组织、控制职能已达成共识。这一学派提供了研究管理的一个思想架构，也为研究会计制度提供了一个新的角度，主要表现在：任何一项会计制度的诞生及其运作，也是一项管理过程，蕴含并执行了上述五项管理职能，只是未被人察觉、总结而已。从我国会计制度的运作周期来看，首先是进行制度设计或革新的调研，所制定的会计制度本身就是一份"计划"，其次是组织有关新制度的学习、培训及其实施，注册会计师的审计以及会计制度执行情况的检查监督，就是保证会计信息的生产和披露符合会计制度的控制，如果说会计制度运行中存在指挥和协调的话，那么各项有关会计制度的补充规定履行的就是这一职能，企业单位自身会计制度的制定和实施更离不开指挥和协调。了解和运用管理程序学派的基本理进行会计制度的构建和管理，无疑有助于改善会计制度内容的科学性、增强会计制度运行的有效性。

(二) 行为科学学派

该学派认为，管理中最重要的是对人的管理，因为任何组织目标的达成都是通过人实现的，因此需要研究人，研究人的行为规律，学会尊重人、关心人、满足人的需要，实行民主管理，将上级对下级的命令关系变为支持帮助关系，以便营造和谐的、愉快的能够发挥个人潜能的工作环境，充分调动人的积极性和创造性，增强个人目标与组织目标的一致性。如果说泰罗的科学管理是管理中的硬件的话，那么行为科学学派则有效地加入了管理的软件，提高了整个管理系统的有效性。这一理论对会计制度的影响主要是首先，研究和制定会计制度的直接目的是规范会计信息，最终是服务于经济管理的需要，同样会计制度的具体实施也是通过广大会计人员完成的，制度再好，如果不去执行或有意扭曲执行，"有法不依、执法不严"，将使该项制度的效力大打折扣，无效力直至出现负效力；其次，会计制度的制定和运行过程中，也应该依据行为科学原理研究会计人员、管理人员的行为规律，研究他们的需要，研究会计制度执行不力甚至出现会计造假中的行为动机、行为环境等问题，尊重会计人员、关心会计人员。会计造假固然是会计人员的直接行为结果，但大多不是会计人员的自愿所为，而是与会计人员所在管理当局的指使直接相关。如果说"不做假账"是对会计人员的警示和要求，毋宁说是对管理者和所有者的戒律更为贴切、更为合理。

(三) 决策理论学派

这一学派认为，管理的关键在于决策，而决策又是一个复杂的过程，包括进行决策的原因、寻找所有可能的行动方案、选择满意的行动方案、评价所选择的方案等阶段，而决策又有反复出现和例行的程序化决策与从未出现过的、确切的性质和结构还不清楚或相当复杂的非程序化决策两类，随着人们认识的深化和事件发生频率的提高，非程序化决策也会变成程序化决策。这一理论对会计制度的影响是：任何一部会计制度的制定，从会计制度是否需要变革、变革什么内容、如何变革、何时变革、在什么范围内变革等较大方面的决策，到某一交易、事项如何确认、计量、记录和报告，以及会计科目的设置、报表格式的设计与项目的设置及其填报等，都是无数个大大小小的决策过程，而每一次会计制度的变革既有历史继承的一面，也有现实创新的内容，同样包含着程序化决策和非程序化决策。

（四）系统管理理论学派

这一学派是在系统论和控制论基础上发展起来的，其核心是以系统的观念研究组织结构和管理的基本职能，认为任何组织都是由人所建立起来的、相互联系、由共同工作要素所构成的系统，这里的每一个要素都是一个子系统，任何一个子系统的变化都会影响其他子系统的变化，因此要研究各个子系统的构成、功能及其相互关系，进而改进整个系统的运行效率。这一理论对会计制度的启示是：从不同角度考察，会计制度具有不同的系统特征。从会计制度循环看，由会计制度构建系统、会计制度运行系统、会计制度监控系统等子系统构成；从会计制度内容看，由会计确认、会计计量、会计科目、会计凭证、会计账簿、会计报告和会计档案等子系统构成。会计制度建设的科学化及其功能的有效发挥，既有赖于系统管理理论的支持，也有赖于会计制度建设者和实施者的共同努力。

（五）权变理论学派

该学派认为，一方面由于组织及其成员的行为的复杂性和多变性，另一方面由于环境的复杂性和多变性，例外情况越来越多，从而大大削弱了管理的有效性，因此应进行大量的调查研究，考虑组织的规模、工艺技术的复杂性、管理者地位的高低、下级个人之间的差别以及环境的不确定程度等因素，根据不同情况采用不同的管理方式或管理方法。权变管理理论是马克思主义哲学中"具体问题具体分析"这一活的灵魂在管理理论中的体现。按照这一理论分析会计制度，会计制度同样存在权变问题。会计制度中既有计量属性问题也有计量单位问题，既有定量问题也有定性问题，既有货币量度也有非货币量度，既涉及会计主体内部及其与各方面关系人的经济利益，也关系到国家宏观经济运行的正常化、有序化，国内外诸多会计造假丑闻足以证明会计制度的复杂性、因势利导、适时变革的必要性和重要性。事实上，我们的会计制度就是这样一步一步走过来并逐步得以完善的。

（六）管理科学学派

管理科学学派也称数理学派，其主要思想是尽可能采用建立一套决策程序和数学模型减少决策的个人艺术成分，以经济效果作为评价各种可行方案的依据，广泛采用计算机技术，其研究的重点是操作方法与作业方面的管理问题，但在解决日益复杂的管理问题上却面临着诸难题。这一理论对会计制度的提示作用是：会计制度的构建虽然难以通过数学建模实现，但研究会计制度的决策程序及其计算机的应用问题是非常必要和迫切的，也是我国会计制度建设中的一个薄弱环节，值得我们认真研究，如网络会计制度的构建等。

（七）经验主义学派

这一学派认为，成功的组织管理者的经验是最值得借鉴的，应总结、概括其共性的内容并加以系统化和理论化，供有关管理者参考。经验对任何人、任何工作来说都是重要的，它是实践的产物，是感性到理性的桥梁。同样，会计制度的建设也离不开经验的总结、提炼与升华。这里的经验既包括会计人员执行会计制度的经验、注册会计师的有关审计经验，也包括会计制度制定者的经验、会计研究人员与教学人员对会计制度研究和教学的经验以及其他机构、组织和人员在监管会计制度方面的经验等。会计制度中既有理性的概括，也有经验的总结，理论与实践的结合、理性与经验的互补，其实一直是我们构建和运行会计制度中不可或缺的基本原则，但对这方面的研究尚显得不够全面、深入。

四、会计制度的法学基础

法是体现统治阶级意志、由国家制定或认可，由国家强制力保证执行的行为规则的总称，其表现形式包括国家制定的法律、法令、条例、决议、指示等规范性文件和国家认可的判例、习惯等。早在18世纪的欧洲会计界，就曾有过法律学派认为，任何一项经济活动都要记录在案、有据可查，任何会计行为都要有物质证据，仅凭口头传达、想象或推测进行的登记都是无效的。可见，法学对会计学的理论支持的观点古已有之，会计制度与法学具有十分密切的内在联系和外在相关性，法学对会计制度的基础理论作用是显而易见的，主要表现在法理对会计制度的理论支持，包括以下三个方面。

（一）法的要素

从法的要素来看，主要包括法律规范、法律概念、法律原则和法律技术性规定四项。这些要素的主要内容和思想对于会计制度建设具有非常积极甚至直接的指导意义，值得我们深入研究和探讨。

法律规范作为法的最基本、最重要也是最主要的组成部分，设置了公民、国家机关、其他社会组织的行为规则，"离开了规范，法就不成其为法了。"同样，作为规范会计人员会计核算行为规则的会计制度，其主体内容是会计核算行为规则的制定，这些规则既有定性方面、也有定量方面，既有原则性的、也有操作性的，它们共同构成了会计制度的主要内容，从而是会计制度最重要的组成部分，包括会计确认、计量、会计科目、会计报表、会计档案等方面，涵盖会计核算行为的各个方面。

法律概念是法律上所规定的以及人们在法律推理中通用的概念。每一个法律条文都是由若干概念组成的，在这里，概念是法的支柱、骨架，离开了法律概念，法将成为一盘散沙。会计制度也是由一系列概念组成的，从会计核算的一般前提、会计核算的一般原则，到各项会计要素以及会计科目、报表项目等，无不充满了概念，同法律概念一样，会计制度中的这些概念也是随着客观条件的变化、人们对会计认识的变化而变化的，一方面淘汰一些不适宜的概念（如流动基金、固定基金等），另一方面加入一些新概念（如资产减值准备、或有事项等），但作为一个整体框架，会计制度概念之间是既相互区别又相互联接、体现各自内涵的紧密关系，由此构筑了会计制度的大厦。

法律原则"是法律上规定的用以进行法律推理的准则。……它不仅可以指引人们如何正确地适用法律规范，而且在没有相应法律规范时，可以代替法律规范，直接成为裁判的依据。"这就是所谓的原则导向，对会计制度建设具有非常重要的支持和借鉴作用。因为会计制度中存在大量的原则导向，并将随着会计环境的优化和会计人员素质的提高而逐步得到加强，这主要体现在会计职业判断方面，涉及会计确认、计量、记录和报告各个方面，如八项资产减值准备的计提、收入和费用的确认等。实际上，各项会计核算的一般原则体现的就是这种原则导向，是进行各个会计交易、事项的"推理准则"，是指引、评价会计人员是否正确适用会计制度规范的重要依据之一。

法律技术性规定是为了便于人们正确理解和适用法律规范而做出的相关知识和技能的具体规定，如《中华人民共和国会计法》第43条规定，"伪造、变造会计凭证、会计账簿，编制虚假财务会计报告，构成犯罪的，依法追究刑事责任。有前款行为，尚不构成犯罪的，由县级以上人民政府财政部门予以通报，可以对单位并处五千元以上十万元以下的罚款；对其直接负责的主管人员和其他直接责任人员，可以处三千元以上五万元以下的罚款；……"这就是所谓的规则导向，具有很强的操作性。同样，会计制度也离不开技术规范，既有原则导向、也有规则导向，这也是由会计制度的可操作性特点所决定的。为此，2001年《企业会计制度》在强化原则导向的同时，也充分运用了规则导向，如第22条规定，"通常情况下，企业对其他单位的投资占该单位有表决权资本总额20%或20%以上，或虽投资不足20%但具有重大影响的，应当采用权益法核算。企业对其他单位的投资占该单位有表决权资本总额20%以下，或对其他单位的投资虽占该单位有表决权资本总额20%或20%以上，但不具有重大影响的，应当采用成本法核算。"第25条规定，"不属于生产经营主要设备的物品，单位价值在2000元以上，并且使用年限超过2年的，也应当作为固定资产。"第77条规定，"如果某项固定资产的购建发生非正常中断，并且中断时间连续超过3个月（含3个月）应当暂停借款费用的资本化"等。

（二）法的功能

一般认为，法的功能主要包括指引功能、预测功能、评价功能、教育功能和强制功能。这些功能对会计制度都有直接或间接的指导作用。

指引功能是指法对人们行为的引导功能，这里包括三种模式：第一，授权性指引，是指允许人们可以这样或那样行为，允许人们的自由选择，目的在于保护和鼓励人们从事法律提倡或允许的行为；第二，义务性指引，是指告知人们必须这样或禁止人们这样的行为，不允许人们的自由选择，必须服从；第三，职权性指引，是指对国家机关及其公务员做谋事的权利和责任的规定。这三种模式中，除职权性指引外的授权性指引、义务性指引对会计制度建设都有重要启示。如存货计价方法的选择、折旧方法的选择等属于授权性指引，提取资产减值准备属于义务性指引，会计或会计制度中虽然没有使用过这些概念，实际上在不自觉地运用这些概念。

预测功能是指人们根据法律规定，预先估计到某个行为的后果，以便合理安排自己的行为。会计制度虽然不直接规定违反会计制度的法律责任，但相关人员可以根据会计制度的规定，结合会计法，判断出违反会计制度的相应法律后果；其次，会计人员可以根据某项会计政策的选择，结合会计原理和会计理论，预先估计出该会计政策对企业利润、财务状况以及现金流量等方面的影响，这是由会计制度的规则性所决定的。

评价功能是指作为人们行为规范的法，是判断和衡量人们行为是否合法的标准和尺度。同样作为会计核算行为规范的会计制度，是判断会计人员的会计核算行为是否合规的标准和尺度。因此，会计制度也具有评价功能。

强制功能是指公民、组织和国家机关必须无条件遵守法律、执行法律规范。我国会计制度作为政府规章，要求其适用范围内的所有企业、组织也必须无条件地遵照执行，同样具有强制性。

教育功能是指法的实施对于人们认识和行为产生的影响。会计制度虽然不像法那样具有直接的教育功能，但通过违反会计制度行为的制裁，一方面教育当事人，另一方面对企图违反会计制度的人敲响警钟，可以提高人们对认真执行会计制度的认识。美国对世界通讯、施乐等公司财务人员、我国对琼民源、银广夏等公司财务会计人员的处罚，无疑增强了会计制度的权威性和不可侵犯性，维护了市场经济秩序，对广大会计人员起到了积极而深刻的教育作用。

（三）法律的制定原则

法律的制定即立法，"是指一定的国家机关依照法定的职权和程序制定、修改和废止法律规范的活动。""广义的立法既包括全国人民代表大会及其常务委员会制定、修改、废止、宪法、法律的活动（狭义的立法），也包括国务院、地方国家权力机关和行政机关依照法定职权和程序制定、修改、废止法规和其他规范性文件的活动。"立法要体现统治阶级的意志，反映当时的政治、经济、文化等方面的特点，遵循实事求是、从实际出发原则，原则性与灵活性相结合原则，稳定性、连续性与适时废、改、立相结合原则，科学的创建性原则以及专门机关工作与群众路线相结合原则等。这些原则对于会计制度建设同样是非常重要的，在我国会计制度发展过程中具有直接的指导作用，人们已经有意识或无意识地在运用这些原则，如此才有了会计制度的若干次变革。尤其应当引起我们重视的是，会计制度的建设过程中应该更加注意原则性与灵活性相结合原则，稳定性、连续性与适时废、改、立相结合原则，科学的创建性原则以及专门机关工作与群众路线相结合原则的运用。例如，2001年新的会计制度颁布实施后，1993年实施的《财务通则》、行业财务制度和行业会计制度没有适时地宣布废止，而新旧两套制度中存在许多不一致甚至矛盾之处，如新制度规定，企业自行确定固定资产的折旧政策、折旧率、报废标准（旧制度不允许），按照可变现净值计量期末资产（旧制度按照账面余额计量期末资产），年终决算前必须处理完待处理财产损溢（旧制度允许年末留有这项余额），取消递延资产等。如此形成了新旧制度同时有效运行，使得相关企业无所适从的尴尬局面，说明我们对于会计制度的稳定性、连续性与适时废、改、立相结合原则贯彻得不好甚至没有贯彻。其次，某些会计规范刚颁布不久，就发布有关补充、修订意见，如债务重组的修订中规定，无论是债权人还是债务人，均不确认债务重组收益，取消公允价值计量等，这一方面说明我们实事求是、结合中国国情的原则贯彻得不够，另一方面也表现出对制度实施后的结果的预见性和前瞻性做得不够，即科学的创建性不够，在制度颁布实施前倾听各方面意见不够，即专门机关工作与群众路线相结合的原则运用得不够。总之，立法的各项原则的确值得我们认真研究和反思。

第三节　财务人员基础管理制度

一、会计核算管理制度

第1章　总则。

第1条　目的。

为适应公司的发展，充分体现会计信息的可检验性，完善公司的财务管理工作，根据国家《企业会计准则》和相关规章制度，特制定本制度。

第2条　适用范围。

本制度适用于公司财务部所有财会人员的会计核算工作。

第2章　会计核算基础规定。

第3条　会计年度规定。

会计年度采用历年制，自公历每年1月1日起至12月31日止为一个会计年度。

第4条　会计科目账户设置要求。

会针科目的运用和账户的设置按《会计管理制度》执行，不得任意更改或自行设置；因业务需要新增科目时，需报财务总监批准。

第5条　记账方法要求。

记账采取借贷记账法，采用权责发生制，具体要求如下所述。

1. 凡是收益已经实现，费用已经发生，无论款项是否收付，都应作为本期的收益或费用入账。

2. 凡是不属于本期的收益或费用，即使款项已在本期收付，也不应作为本期的收益或费用处理。

3. 个时期内的各项收入与其相关联的成本费用，必须在同一时期入账。

4. 凡是用于增加固定资产而发生的各项支出都应计为资本支出，不得计入费用作为收益支出。

5. 凡是为了取得收益而发生的各项支出，都应作为收益支出，同时计入成本费用。

第6条　记账货币单位要求。

记账用的货币单位为本位币，会计凭证、会计账簿和会计报表均用法定文字书写。

第7条 会计凭证分类。

第8条 会计报表编制。

会计报表的编制应根据国家制定的《企业会计制度》和董事会规定的会计报表格式、填报时间和份数来执行。

第3章 会计核算方法。

第9条 设置会计科目和账户。

根据会计对象具体内容的不同特点和经济管理的不同要求，选择一定的标准进行分类，并按分类计算的要求，逐步开设相应的账户。

第10条 复式记账。

复式记账就是对每一项经济业务，都以相等的金额同时在两个或两个以上的相关账户中进行记录的方法。本公司统一使用借贷记账法。

第11条 填制和审核凭证。

对于已经发生的经济业务，都必须由经办人或部门填制原始凭证并签名和盖章。所有原始凭证都要经过财务部和其他有关部门的审核，并根据审核后的原始凭证编制记账凭证，作为登记账簿的获据。

第12条 设置与登记账簿。

根据填制和审核无误的记账凭证，在账簿上进行全面、连续、系统的记录。

第13条 确定各对象的总成本和单位成本。

成本费用经过统计计算后，要对应计入相应对象的全部费用进行归集、计算，以确定各对象的总成本和单位成本。

第14条 财产清查。

通过实物盘点、往来款项的核对来检查财产和资金的实有数额。

第15条 编制会计报表。

根据账簿记录的数据资料，采用一定的表格形式，概括、综合地反映各部门和公司一定时期内的经济活动过程和结果。

第4章 会计核算组织程序。

第16条 填制记账凭证。

会计人员根据审核后的原始凭证填制记账凭证。

第17条 登记总分类账。

会计人员根据记账凭证编制记账凭证汇总表，并登记总分类账。

第18条 登记现金日记账和银行存款日记账。

会计人员根据原始收、付款凭证登记现金日记账和银行存款日记账。

第19条 登记明细分类账。

根据记账凭证及所附的原始凭证登记各明细分类账。

第20条 编制会计报表。

月终，会计人员根据总分类账和各明细分类账编制会计报表。

第21条 记账错误处理。

第5章 结账和对账管理。

第22条 结账。

结账是结算各种账簿记录。结账工作是在一定时期内所发生的经济业务全部登记入账的基础上进行的，具体内容如下所述。

1. 在结账时，首先应将本期内所发生的经济业务记入有关账簿。

2. 本期所有的转账业务均应编制记账凭证有关账簿，以调整账簿记录。

3. 在全部经济业务登记入账的基础上，结算所有的账簿。

二、会计基础工作规范

第1章 总则。

第1条 目的。

为加强公司财务管理和内部控制，规范会计人员的日常基础工作，根据《中华人民共和国会计法》(以下简称《会计法》)、《企业会计准则》《企业会计制度》等相关规定，结合本公司的实际情况，特制定本规范。

第2条 适用范围。

1. 本规范所指会计的基础工作主要包括填制和审核会计凭证、登记账簿、编制会计报表、财产清查、成本核算等一系列会计循环工作。

2. 公司本部和所属子公司、分公司的会计从业人员均须遵守本规范。

第3条 制定原则。

1. 遵循国家财政、税务、金融等统一规定，确保国家法律、法规的实施。

2.以公司经营业务所属行业的企业制度为主体,以公司内部财务管理制度为补充。

3.适应本公司的实际情况,符合内部特点和管理要求,为实现公司利益最大化目标服务。

4.遵循稳定性与连续性原则,可以根据会计政策、制度变动进行修订和完善。

第2章　会计人员业务范围和业务处理程序。

第4条　会计人员业务范围。

1.原始凭证的核签。

2.记账凭证的编制。

3.会计账簿的登记。

4.会计报表的编制、分析和解释。

5.内部审核。

6.会计档案的整理和保管。

7.其他依法应办理的会计事务。

第5条　会计业务处理程序。

1.根据合法的原始凭证填写记账凭证。

2.根据合法的记账凭证登记会计账簿。

3.根据会计账簿编制会计报表。

其中,原始凭证的格式及其所载事项具备记账凭证条件的,可以代替记账凭证。

第3章　会计凭证处理规范。

第6条　会计凭证类别。

会计凭证包括原始凭证和记账凭证。

第7条　原始凭证审核规范。

1.原始凭证的合法性。

原始凭证应详细审核,若出现如下所示情况者,则应当视为不合法:

(1)填写的数字计算错误。

(2)填写的数字与规定及事实经过不符。

(3)与法律和企业有关规定不符者。

2. 支出凭证的审核。

（1）支付款项应取得收款人的统一发票，金额较小的可以用收据代替。

（2）对于公司购进商品或支付费用所取得的原始凭证，应盖有对方企业的财务印章，并载明下列各项内容：①该企业的名称、地址；②商品名称、规格及数量或费用性质；③商品的单价、总价；④交易日期等。

（3）对于个人支付费用的原始凭证：①该用款人的姓名、住址、身份证号码；②支付款项事由；③实收金额；④收到日期等。

3. 收入凭证的审核

（1）各项收入无论属于主营业务收入或营业外收入，均应取得足够证明收入的凭证。

（2）各种产品销售和其他资产出售所开的统一发票，应记明下列事项：

①销售（或出售）日期。

②客户的名称和地址。

③销售产品或其他资产的名称和数量。

④单价和总价。

⑤公司的名称、地址和印章。

（3）收入凭证有下列情况之一的，应当视为不合法：

①收入计算及条件与规定不符。

②收入与事实经过不符。

③数字计算错误。

④手续不全。

⑤其他与法律和企业有关规定不符的情况。

第8条　记账凭证处理规范。

记账凭证有下列情况之一的，应当视为不合法，必须更正：

1. 记账凭证根据不合法的原始凭证填写。

2. 未按规定程序编制。

3. 记载内容与原始凭证不符。

4.《会计法》规定应记载事项未记明。

5. 依照规定，应经各级人员签章而未签章的，若各单位主管已在原始凭证上签章，则记账凭证可以不用签章。

6. 有记载、计算错误而未遵照规定更正的。

7. 其他与法律、企业规章不符的情况。

第4章　会计记账业务规范。

第9条　会计账簿记账要求。

1. 会计人员在记账时，必须以原始凭证或记账凭证为依据，会计账簿内的会计科目记账凭证要保证一致。

2. 会计账簿和重要备查簿内有两面中间留有空白时，应将空白页划双红线注销；若有误空一行或两行，则应将误空的行画红线注销，画红线注销的账页空行均应由记账人员盖章证明。

3. 各种会计账簿的首页，应列启用单，标明公司名称、年度、账簿名称、册次页数、启用日期，并由负责人和主管会计盖章；各种会计账簿的末页，应列经办人员一览表，填明记账人员的姓名、职别和经办日期。

4. 各种会计账簿的账页编号，除订本式应按账页顺序编号外，活页式账簿

第六章　财务会计人员日常管理制度分析应按各账户所用账页顺序编号，年度终了时应装订成册。总分类账和明细分类账应在账簿前加目录。

5. 各种会计账簿除已经用尽外，在会计决算日前不得更换；长期持续记载的会计账簿，在会计决算日后，不用更换。

第10条　会计账簿审核规范。

会计账簿有下列情况的，视为不合法，应予以更正；若不更正，不得据以编制会计报表。

1. 未依据规定的原始凭证或记账凭证登记会计账簿。

2. 会计账簿的内容与原始凭证或记账凭证不符，或者总分类账的内容与日记账不符。

3. 记载、计算等错误，未按规定更正。

4. 其他与法律不符的情况。

第11条　结账时间规范。

公司有下列情况之一的，应办理结账：

1. 会计年度末。

2. 公司改组合并。

3. 公司解散。

第 12 条　会计账目整理分录。

会计人员应做下列各项业务的整理分录：

1. 所有预收、预付、应收、应付各会计科目和其他权责已发生而尚未入账各事项的整理分录。

2. 折旧、坏账和其他应记入本结账期内的费用的整理分录。

3. 工程材料等实际存量与账面存量不符的整理分录。

三、原始凭证填制规定

第 1 条　目的。

为加强会计原始凭证填制的规范管理，能够正确、及时、清楚地反映各项经济业务的真实情况，保证会计核算的质量，特制定本规定。

第 2 条　适用范围。

本规定适用于本公司会计原始凭证的填制管理。

第 3 条　术语解释。

本规定所说原始凭证是指在经济业务发生或完成时取得的，用来证明经济业务已经发生或完成的最初书面证明文件，是会计核算的原始资料和编制记账凭证的依据。

第 4 条　原始凭证的其他填制要求。

1. 购买实物的原始凭证，必须有验收证明，如入库单，如果未入库就直接交由个人使用的实物，则应由接收人在发票等原始凭证的背面签字查收。

2. 支付款项的原始凭证，必须有收款单位和收款人的收款证明，如支付了工资应由领取人在工资结算表上签字。

3. 凡填写大写和小写金额的原始凭证，大写和小写金额必须相等，字迹要清晰、工整，不得潦草。

4. 一式几联的原始凭证，应当注明各联的用途，只能以一联作为报销凭证；一式几联的发票和收据，必须用双面复写纸套写（发票和收据本身具备复写纸功能的除外），并连续编号，作废时加盖"作废"戳记，连同存根一起保存，不得撕毁。

5. 发生销货退回时，除填制退货发票外，还必须有退货验收证明；退款时，必须取得对方的收款收据或忙款单，不得以退货发票代替收据。

6.经上级有关部门批准的经济业务，应当将批准文件作为原始凭证附件，如果批准文件需要单独归档的，则应当在原始凭证上注明批准机关名称、日期和文件字号。

7.原始凭证要用黑色钢笔或碳素笔填写，文字和数字书写要规范、正确。

第四节 财务人员日常行为规范

一、会计工作交接制度

第1章 总则。

第1条 目的。

为规范会计工作，保证会计资料的真实性和完整性，保障会计工作的连续性，防止因会计人员的更换出现账目不清、财务混乱等现象，特制定本制度。

第2条 适用范围。

本制度适用于对本公司会计工作交接事项进行规范，所有涉及该事项工作的人员都应遵守，并严格按照本制度的规定开展工作。

第2章 会计工作交接范围。

第3条 会计人员暂时离职。

会计人员临时离职或因病暂时不能工作，需要接替或代理的，会计主管必须指定专人接替或代理，并安排办理会计工作交接手续。

第4条 会计人员离职。

会计人员因工作调动等原因从本公司离职的，应提前1个月以书面形式通知本公司，提前办理工作交接手续。

第5条 临时离职人员恢复工作。

临时离职或因病不能工作的会计人员恢复工作时，应当与接替或代理人员办理交接手续。

第六章 财务会计人员管理制度分析

第6条 组织结构变动。

1. 因本公司组织结构调整，各分公司或部门撤销、合并、分立，必须由财务部指派会计人员会同有关部门人员办理清理工作。

2. 未移交前，该分公司或部门的会计人员不得离岗。

第7条 委托交接。

移交人员因病或其他特殊原因不能亲自办理移交手续的，经单位负责人批准，可由移交人员委托他人代办交接，但委托人应当对所移交的原始凭证、记账凭证、会计账簿、财务报告和其他相关资料的真实性和完整性承担责任。

第3章 交接监督工作。

第8条 设立专人负责监督。

1. 为明确责任，会计人员办理工作交接时，必须有专人负责监督，以保证交接双方都按照国家有关规定认真办理交接手续。

2. 保证交接双方处在平等的法律地位上，享有权利和承担义务，不允许任何一方以大压小、恃强凌弱，或者采取非法手段进行威胁。

3. 移交清册应当经过监交人员审查、签名和盖章，作为交接双方明确责任的证明。

第9条 监交人员的选择。

1. 一般会计人员办理交接手续，由会计主管监交。

2. 会计主管办理交接手续，由部门经理监交，必要时财务总监可以派人会同监交。

3. 财务监交人员应具有会计从业资格，熟悉单位的各项财务规章制度、财务管理有关知识和被监交的财务工作。

第10条 监交人员的具体职责。

第4章 实施工作交接。

第11条 交接准备。

会计人员在办理会计工作交接前，必须做好以下准备工作：

1. 已受理的经济业务尚未填制记账凭证的应当填制完毕。

2. 已受理尚未登记完成的账目应当登记完毕，结出余额，并在最后一笔余额后加盖经办人印章。

3. 整理好应该移交的各项资料，对未了事项和遗留问题要写出书面说明材料。

4. 编制移交清册，列明应该移交的会计凭证、会计账簿、财务会计报告、公章、现金、有价证券、支票簿、发票、文件、其他会计资料和物品等内容。

5. 会计电算化人员，应在移交清册上列明会计软件和密码、数据盘、磁带、分析存档文件索引等内容。

6. 会计主管移交工作时，应将财务会计工作、重大财务收支问题、会计人员等情况向财务经理说明。

第12条 移交点收

二、会计牵制工作制度

第1条 目的。

为加强公司内部会计工作的控制管理，防止财务管理工作发生错误和弊端，根据《会计法》和《会计基础工作规范》的规定，结合本公司财务管理的需要，特制定本制度。

第2条 适用范围。

本制度适用于公司内部会计管理工作的控制事项。

第3条 公司财务部的会计人员应严格执行国家统一的财务制度，严密健全会计业务处理手续，防止伪造、篡改会计记录，防止营私舞弊和贪污。

第4条 公司财务部内部以及与其他业务部门之间，处理经济业务时既要相互联系，又要建立相互制约的关系。要求每一项经济业务的处理全过程，必须由两人以上共同分工负责完成，彼此的工作起到相互牵制的作用。

第5条 建立会计独立的业务处理体系。

建立会计独立的业务处理体系，会计工作与其他业务工作要分清职责，会计人员、出纳人员负责管理经济业务的会计核算账务和现金的收支，不应管理业务部门的采购、供销、实物保管等工作。

第6条 建立健全会计人员岗位责任制度。

财务部应当建立健全会计人员岗位责任制度，并根据业务需要配备持有会计证的会计人员。财务部会计工作岗位一般采用一人多岗，但出纳人员不得兼任会计人员岗位工作，会计人员不得兼任出纳人员岗位工作。

第7条　出纳人员的职责与权限。

1. 负责管理库存现金、银行存款、其他货币资金和有价证券，设置和登记现金及银行存款日记账。

2. 根据会计人员开出的收款凭证，办理货币资金收款业务。所收的现金和支票应及时送存银行，并在有关原始凭证上加盖收讫戳记。

3. 根据批准、审核无误的付款凭证，签发支票，办理银行各种付款手续，办理现金付款业务，并在有关原始凭证上加盖付讫戳记。

4. 对不真实、不合法和违反会计制度的收支事项，出纳人员有权不予受理。对记载不准确、不完整的原始凭证予以退回，更正补充后再予受理。

5. 公司会计人员岗位责任制度规定的其他出纳人员工作职责和权限。

第8条　会计人员岗位职责和权限。

会计人员岗位职责和权限按公司会计人员岗位责任制度执行。

三、出纳人员工作准则

第1章　总则。

第1条　目的。

为规范公司出纳人员的工作行为和相关事项，按照国家相关财务法规和公司财务制度，特制定本准则。

第2条　适用范围。

本准则适用于本公司出纳人员各项工作的指导和管理，主要包括款项收付、保管、清点、报销审核等。

第2章　支票管理。

第3条　银行票据发放。

1. 根据业务需要，申请人领用银行票据需填写支票领用单，并经总经理或总经理授权的人员签署同意后，出纳人员方可向其出具银行票据。若遇金额不确定的情况，则应在最高位填上"¥"标识，以限定最高使用额度。

2. 出纳人员需根据总经理或总经理授权的人员审批的支票领用单，正确出具银行票据；审核支票领用单上的项目是否填写齐全、规范。

3. 出纳人员合理使用公司支票管理系统，填制支票或其他银行票据，并打印出票。

4.银行票据出票后，出纳人员需及时整理支票领用单，并与支票管理系统出票记录核对，使它们保持一致。使用支票（100张，包括作废票据）需打印出票清单，附在支票领用单中一并装订，经财务总监审批后由公司统一保存。

第4条　银行票据购买。

1.出纳人员负责购买银行票据，为方便公司对银行票据的管理，购买银行票据应事先经财务主管签字批准，每一次购买的数量限定支票为100张，其他票据为两本。

2.已购买的银行票据要在支票管理系统中登记，做到有据可查，使其有可追溯性。

3.未使用的银行票据必须锁在财务部保险柜中。

第5条　银行票据跟踪核销。

1.为便于账目的管理，支票和其他银行票据出票后，出纳人员应及时催回银行票据存根和相应发票，以便登记账目或录入财务系统。

2.余款或购货款必须经公司财务经理和资金管理员审核签字后，方可出票。

3.出纳人员应在支票出票后4日内跟踪票根的回收情况，对超期的要查明原因并提醒相关业务人员及时回收。对领用时金额不确定的银行票据，在收回票据后，当天将实际金额录入支票管理系统和财务系统。

4.对于作废的银行票据，出纳人员要做到及时回收，杜绝由其他部门保管。

第3章　报销审核和费用支付。

第6条　报销单据审核。

1.出纳人员对所有现金报销的单据都要审核，审核内容包括发票的真实性、业务的合理性、金额的正确性，检查是否有经办人员和财务总监签字。

2.对不符合财务要求的报销单应要求报销人重填并重新审核。发票涂改或严重缺损，出纳人员应拒绝接受。

3.出纳人员核对无误后，应按实际金额支付报销款，并请报销人在报销单上签字，作为签收依据。

4.公司车辆费用报销，出纳人员要先审核出车记录，查看行车时间任务、地点、用车人签字、汽油消耗是否符合企业标准；停车费、过路费、汽油费发票必须有使用人或证明人签字证明方可报销。

5.公司购入的固定资产、办公易耗品等物品报销时，出纳人员需收回相应的保修卡、保修单等资料，并妥善保管，以备不时之需。

第7条　办公费用缴纳。

出纳人员缴纳水、电、煤气、取暖费、电话费和物业管理费时，需按月按号分别做好登记，整理票据和记录，以备核查。

第8条　工资发放。

1.出纳人员于每月固定时间，按照工资表发放工资、补贴等职工薪酬。

2.享受话费补贴的员工，出纳人员需按其电话账单或发票金额参照报销。对金额小于补贴金额的按发票金额实报，并要求未达到补贴金额的退回差额。

3.按照薪酬保密原则，出纳人员在发放工资前要把相应的内容隐蔽，不得将员工薪酬信息以任何形式透露给不相关的人。

参考文献

[1] 李博文. 企业财务管理优化路径探析 [J]. 现代商贸工业，2022，43 (21)：145-146.

[2] 褚晓晖. 中小型企业财务管理的问题与建议 [J]. 中国市场，2022，1129(30)：140-142.

[3] 竹昱坤. 大数据背景下企业财务管理的变革和创新研究 [J]. 老字号品牌营销，2022(19)：169-171.

[4] 康健. 浅析行政事业单位财务管理存在的若干问题 [J]. 质量与市场，2022，318(19)：46-48.

[5] 郭忠诚. 建筑企业财务管理存在的问题与对策浅析 [J]. 质量与市场，2022，318(19)：19-21.

[6] 陈晓雲. 供应链管理下的企业财务管理分析 [J]. 商讯，2022，284(22)：16-19.

[7] 陈洪春. 中小企业财务管理存在的问题及改进措施研究 [J]. 商场现代化，2022，975(18)：132-134.

[8] 游二英. 大数据环境下企业财务管理信息建设探究 [J]. 商场现代化，2022，975(18)：150-152.

[9] 邱佩珊. 大数据背景下企业财务管理的挑战与变革 [J]. 商场现代化，2022，975(18)：153-155.

[10] 陈建宇. 探讨如何培养财务管理人员财务大数据分析处理能力 [J]. 中国产经，2022，298(18)：49-51.

[11] 彭慧. 财务管理中税收风险及策略研究 [J]. 中国产经，2022，298(18)：97-99.

[12] 杨程程. 事业单位财务管理内部控制体系构建探讨 [J]. 行政事业资产与财务，2022(18)：66-68.

[13] 李嘉茵. 数字化转型视角下行政事业单位财务管理探讨 [J]. 行政事业资产与财务, 2022(18): 90-92.

[14] 魏鸿. 财政税务制度改革对企业财务管理的影响作用分析 [J]. 产业创新研究, 2022, 95(18): 169-171.

[15] 张卉. 会计新制度下财务管理工作模式创新研究 [J]. 产业创新研究, 2022, 95(18): 166-168.

[16] 李淼. "互联网+"背景下企业财务管理策略探讨 [J]. 现代商业, 2022, 652(27): 179-182.

[17] 刘敏敏. 实现企业精细化财务管理策略探讨 [J]. 现代商业, 2022, 652(27): 166-169.

[18] 陈军妹. 政府会计改革背景下事业单位财务管理探讨 [J]. 中国总会计师, 2022, 230(9): 138-140.

[19] 吴杨森. 大数据背景下新型研发机构财务管理策略研究 [J]. 现代审计与会计, 2022, 403(10): 27-29.

[20] 张铭涵, 刘研华. 大数据背景下财务管理智能化转型探究 [J]. 中国集体经济, 2022, 719(27): 148-150.

[21] 闫安. 会计新制度下财务管理工作创新的思考与实践 [J]. 中国集体经济, 2022, 719(27): 163-165.

[22] 张娟. 新会计准则对企业财务管理转型的影响及对策探讨 [J]. 企业改革与管理, 2022, 431(18): 119-121.

[23] 孙巍. 大数据时代加快企业财务管理转型的对策及建议 [J]. 企业改革与管理, 2022, 431(18): 134-136.

[24] 郭小艳. 大数据背景下企业财务管理转型的策略探讨 [J]. 企业改革与管理, 2022, 431(18): 140-141.

[25] 王超. 基于会计成本控制视角谈企业财务管理模式创新 [J]. 投资与创业, 2022, 33(18): 66-68.

[26] 王平南. 政府会计制度在实践工作中的影响及思考 [J]. 中国乡镇企业会计, 2022(9): 81-83.

[27] 吉春娜. 新政府会计制度下固定资产核算的思考 [J]. 中国乡镇企业会计, 2022(9): 84-86.

[28] 陈璇玲. 基于财务管理视角的企业税收筹划研究 [J]. 企业改革与管理，2022，430(17)：146-148.

[29] 李海凤. 企业财务管理内部控制问题及应对策略研究 [J]. 玻璃，2022，49(9)：59-62.

[30] 苏敏. 中小企业财务管理存在的问题及其对策探讨 [J]. 企业改革与管理，2022，430(17)：131-133.

[31] 李保良，侯丽娟. 新形势下企业财务管理面临的困境和创新思维 [J]. 商场现代化，2022，974(17)：129-131.

[32] 董若珊. 大数据背景下企业财务管理的现状与解决对策 [J]. 商场现代化，2022，974(17)：162-164.

[33] 卢进. 新会计制度下高校财务管理工作的创新路径研究 [J]. 中国管理信息化，2022，25(15)：40-42.

[34] 曾红梅. 新会计制度下事业单位会计核算优化措施探讨 [J]. 财经界，2022，627(20)：89-91.

[35] 徐传花. 新会计制度下行政事业单位财务管理创新思考 [J]. 活力，2022，625(12)：112-114.

[36] 刘冬杰. 基于新会计制度的行政事业单位会计核算优化研究 [J]. 投资与创业，2022，33(12)：70-72.

[37] 刘维. 政府会计制度改革对高校财务管理的影响研究 [J]. 北方经贸，2022，451(6)：103-106.

[38] 赵欣. 新政府会计制度在高校财务管理中的应用研究 [J]. 投资与创业，2022，33(11)：78-80.

[39] 刘雪梅. 信息化环境下推进会计制度实施工作的探析 [J]. 老字号品牌营销，2022(11)：60-62.

[40] 李延芳. 新会计制度视角下的国有企业财务管理路径探索 [J]. 财经界，2022，624(17)：98-100.

[41] 李亚明. 会计准则对会计制度经济后果的影响 [J]. 全国流通经济，2022，2320(16)：159-162.

[42] 贾明宝. 新会计制度改革背景下的事业单位财务管理策略 [J]. 商业观察，2022，146(16)：67-70.

[43] 邓华.行政事业单位会计制度改革的问题及对策[J].财会学习，2022，333(16)：96-98.

[44] 曹玉敏.新政府会计制度改革对事业单位财务管理的影响与对策[J].财经界，2022，622(15)：92-94.

[45] 潘曰凤.新政府会计制度对事业单位会计工作的影响研究[J].行政事业资产与财务，2022(9)：72-74.

[46] 李玥镁.新政府会计制度下高校会计核算的优化路径研究[J].投资与创业，2022，33(9)：87-89.

[47] 裘梅琴，刘珊.政府会计制度下高校财务信息化建设研究[J].财会通讯，2022，892(8)：166-171.

[48] 赵汪洋.新会计制度改革对高校财务管理影响[J].财会学习，2022，327(10)：1-4.

[49] 孙晓倩.新会计制度下企业财务管理的创新策略[J].中国集体经济，2022，702(10)：147-148.

[50] 王姜.新政府会计制度对事业单位财务管理的影响[J].财经界，2022，617(10)：113-115.

[51] 刘爱凤.新会计制度对财务管理的影响及解决对策[J].商场现代化，2022，962(5)：138-140.

[52] 邢云立.政府会计制度模式的选择与优化[J].海峡科技与产业，2022，35(1)：72-74.